essentials

W0260760

essentials liefern aktuelles Wissen in konzentrierter Form. Die Essenz dessen, worauf es als „State-of-the-Art" in der gegenwärtigen Fachdiskussion oder in der Praxis ankommt. *essentials* informieren schnell, unkompliziert und verständlich

- als Einführung in ein aktuelles Thema aus Ihrem Fachgebiet
- als Einstieg in ein für Sie noch unbekanntes Themenfeld
- als Einblick, um zum Thema mitreden zu können

Die Bücher in elektronischer und gedruckter Form bringen das Expertenwissen von Springer-Fachautoren kompakt zur Darstellung. Sie sind besonders für die Nutzung als eBook auf Tablet-PCs, eBook-Readern und Smartphones geeignet. *essentials:* Wissensbausteine aus den Wirtschafts, Sozial- und Geisteswissenschaften, aus Technik und Naturwissenschaften sowie aus Medizin, Psychologie und Gesundheitsberufen. Von renommierten Autoren aller Springer-Verlagsmarken.

Weitere Bände in der Reihe http://www.springer.com/series/13088

Ramona Piller

Gesundheitsmanagement in der Pflege

Pflicht und Kür für Stationsleitungen

Ramona Piller
Gesamtabteilung Anästhesie/
Intensivtherapie
Robert-Koch-Krankenhaus Apolda GmbH
Apolda, Deutschland

ISSN 2197-6708 ISSN 2197-6716 (electronic)
essentials
ISBN 978-3-658-25470-4 ISBN 978-3-658-25471-1 (eBook)
https://doi.org/10.1007/978-3-658-25471-1

Die Deutsche Nationalbibliothek verzeichnet diese Publikation in der Deutschen Nationalbibliografie; detaillierte bibliografische Daten sind im Internet über http://dnb.d-nb.de abrufbar.

© Springer Fachmedien Wiesbaden GmbH, ein Teil von Springer Nature 2019
Das Werk einschließlich aller seiner Teile ist urheberrechtlich geschützt. Jede Verwertung, die nicht ausdrücklich vom Urheberrechtsgesetz zugelassen ist, bedarf der vorherigen Zustimmung des Verlags. Das gilt insbesondere für Vervielfältigungen, Bearbeitungen, Übersetzungen, Mikroverfilmungen und die Einspeicherung und Verarbeitung in elektronischen Systemen.
Die Wiedergabe von Gebrauchsnamen, Handelsnamen, Warenbezeichnungen usw. in diesem Werk berechtigt auch ohne besondere Kennzeichnung nicht zu der Annahme, dass solche Namen im Sinne der Warenzeichen- und Markenschutz-Gesetzgebung als frei zu betrachten wären und daher von jedermann benutzt werden dürften.
Der Verlag, die Autoren und die Herausgeber gehen davon aus, dass die Angaben und Informationen in diesem Werk zum Zeitpunkt der Veröffentlichung vollständig und korrekt sind. Weder der Verlag, noch die Autoren oder die Herausgeber übernehmen, ausdrücklich oder implizit, Gewähr für den Inhalt des Werkes, etwaige Fehler oder Äußerungen. Der Verlag bleibt im Hinblick auf geografische Zuordnungen und Gebietsbezeichnungen in veröffentlichten Karten und Institutionsadressen neutral.

Springer ist ein Imprint der eingetragenen Gesellschaft Springer Fachmedien Wiesbaden GmbH und ist ein Teil von Springer Nature
Die Anschrift der Gesellschaft ist: Abraham-Lincoln-Str. 46, 65189 Wiesbaden, Germany

Was Sie in diesem *essential* finden können

- Eine Einführung in die theoretischen Grundlagen zum Betrieblichen Gesundheitsmanagement.
- Eine Beschreibung der Handlungsbereiche im Betrieblichen Gesundheitsmanagement (gesundheitsorientierte Personalführung, gesetzlicher Arbeits- und Gesundheitsschutz, Betriebliche Gesundheitsförderung, Betriebliches Eingliederungsmanagement).
- Darstellung gesetzlicher Forderungen und personalwirtschaftlicher Standards in Kranken- und Pflegeeinrichtungen zum Thema Gesundheitsmanagement.
- Erörterung konkreter Perspektiven und Handlungsspielräume einer Stationsleitung in Kranken- und Pflegeeinrichtungen zum Thema Gesundheitsmanagement.

Vorwort[1]

Im Rahmen meiner Ausbildung zur Krankenschwester sah es die Ausbildungsplanung vor, alle Abteilungen eines Akutkrankenhauses mit Regelversorgung zu durchlaufen. Nach erfolgreich bestandener Prüfung begann meine berufliche Laufbahn zunächst in der Klinik für Orthopädie und Unfallchirurgie im Drei-Schicht-System. Nach sieben Jahren wechselte der Tätigkeitsbereich zur Intensivtherapiestation. Auch hier richtete sich die Arbeit am Drei-Schicht-System aus, wobei nun mit Blick auf die intensivtherapeutische Pflege anders gelagerte Anforderungen an die tägliche Arbeit gestellt wurden. Die Einarbeitung erfolgte unter einem autoritär und emotionslos empfundenen Kommunikationsstil ausschließlich im Frühdienst, jedoch ohne Einarbeitungskonzept und handlungsweisenden Leitfaden. Da der Wechsel des Aufgabenbereichs zu diesem Zeitpunkt erschwerend nicht im eigenen Interesse lag, erhöhte sich der gefühlte Druck zu einem ausgeprägten Arbeitsleid in Form von Stress, Demotivation, Schlafstörungen und Infektanfälligkeit. Mit zunehmenden Fähigkeiten und Routinen entspannte sich der Eindruck von Überforderung, ließ aber dennoch eine „Berufung" für die intensivtherapeutische Pflege nicht aufkommen. Gründe hierfür waren in der Kommunikation mit Vorgesetzten bzw. ärztlichem Personal und in den vorherrschenden Arbeitsabläufen zu identifizieren. Eckpunkte wie zum Beispiel vertrauensvolle Mitarbeitergespräche, Anerkennung von Leistungen, Informationsaustausch auf allen Ebenen, Weiterbildungsangebote, ausgewogene und prozessorientierte Arbeitsabläufe, gerechte und sinnvolle Dienstplangestaltung waren aus meiner Sicht geringfügig bis gar nicht vorhanden.

---

[1]Gendervermerk: Im Rahmen dieser Ausgabe wurde bei einer nicht genderneutralen Aufführung von Personen und/oder Personengruppen aufgrund des Textverständnisses und einer besseren Lesbarkeit lediglich die männliche Form benannt – selbstverständlich schließen diese Formulierungen immer auch die weibliche Form ein.

Mit dem Umzug in ein neu gebautes Klinikum änderten sich die Räumlichkeiten, die neue Arbeitsabläufe unabdingbar machten. So gelang es – anfangs mit Schwierigkeiten in der Umsetzung behaftet – bessere und gewinnbringende Arbeitsabläufe, sowohl für die Patienten als auch für die Mitarbeiter zu installieren. Ein neues Pflegekonzept, welches durch den Wechsel der Pflegedienstleitung in den Bereichen Führung, Organisation und Pflege entwickelt wurde, verbesserte die Informationspolitik im Hause, eröffnete neue Möglichkeiten zur Nutzung von Weiterbildungsangeboten und trug zur Anerkennung von Leistungen und einer verbesserten Kommunikation in der Pflege bei. Hierdurch motiviert, fühlte ich mich angesprochen, eine Ausbildung zum Praxisanleiter zu absolvieren. Durch diese neue Verantwortung wurden erste wichtige Einblicke für die heutige Aufgabe als stellvertretende Stationsleitung gewonnen. Das Anleiten, Beobachten, Beurteilen und Nachweisen von bestmöglicher Betreuung der Pflegeschüler sowie den Beruf zur Berufung werden zu lassen, brachte das Streben für bessere Bedingungen im Arbeitsalltag mit sich. Im Zuge der Umstrukturierung im Bereich der Anästhesie und Intensivtherapie wurde durch die Bildung einer Gesamtabteilung und mit der Neubesetzung der Stationsleitung diesem Bestreben der notwendige Raum geboten. Als stellvertretende Stationsleitung konnte man nunmehr innerhalb der Kernarbeitszeit in Leitungssitzungen, Teambesprechungen, Mitarbeitergesprächen und an den entsprechenden Schnittstellen des Unternehmens mitwirken.

Im Zeitraum der letzten sechs Jahre als stellvertretende Stationsleitung mit eigenem Verantwortungsbereich auf der Intensivtherapiestation wandelten sich Altersstruktur, Arbeitsabläufe, Qualitätsstandards und Abrechnungspolitik. Mitarbeiter änderten in dieser Zeit ihre Prioritäten durch Familie, Alter und Arbeitsanforderungen. Die Klinik entwickelte sich durch gesetzliche Vorgaben und zunehmenden Wettbewerb weiter. Alle diese Merkmale zwangen und zwingen Kranken- und Pflegeeinrichtungen als Unternehmen, weitere Schritte zu gehen, um die Mitarbeiter vor Auswirkungen der heutigen Belastungen zu schützen, diese dauerhaft an IHR Haus zu binden, einem Fachkräftemangel entgegenzuwirken und Qualität auf höchstem Niveau weiterhin anzubieten.

Mit Blick auf das Gesundheitsmanagement im eigenen Hause galt es, sich dieser Thematik im Rahmen der staatlich anerkannten Weiterbildung zur Leitenden Pflegefachkraft zu widmen. Als Prüfungsbestandteil wurde hierzu eine Facharbeit angefertigt, die diesem *essential* zugrunde liegt.

Ramona Piller

Inhaltsverzeichnis

1   Einleitung 1
   1.1   *Gesunde Arbeit* als aktuelle Herausforderung
       in der Arbeitswelt 1
   1.2   Argumentation und Vorgehensweise 2

2   Grundlagen zum Betrieblichen Gesundheitsmanagement 5
   2.1   Entwicklung – Wesen und Begriffe 6
   2.2   Das Verhältnis von Arbeit und Gesundheit 7
   2.3   Ziele und Prinzipien eines Betrieblichen
       Gesundheitsmanagements 9

**3   Handlungsbereiche im Betrieblichen
Gesundheitsmanagement** 13
   3.1   Gesundheitsorientierte Personalführung 14
   3.2   Gesetzlicher Arbeits- und Gesundheitsschutz 15
   3.3   Betriebliche Gesundheitsförderung 18
   3.4   Betriebliches Eingliederungsmanagement 19

**4   Rechtliche und personalwirtschaftliche Standards zum
Betrieblichen Gesundheitsmanagement** 21
   4.1   Gesundheitsorientierte Personalführung 21
   4.2   Gesetzlicher Arbeits- und Gesundheitsschutz 23
   4.3   Betriebliche Gesundheitsförderung 25
   4.4   Betriebliches Eingliederungsmanagement 27

5   Perspektiven und Handlungsspielräume der Stationsleitung im Gesundheitsmanagement 29

   5.1   Gesundheitsorientierte Personalführung 30

   5.2   Gesetzlicher Arbeits- und Gesundheitsschutz 33

   5.3   Betriebliche Gesundheitsförderung 36

   5.4   Betriebliches Eingliederungsmanagement..................... 38

Literatur.. 41

Abkürzungsverzeichnis

AGS	Arbeits- und Gesundheitsschutz
AMR	Arbeitsmedizinische Regel
ArbMedVV	Verordnung zur arbeitsmedizinischen Vorsorge
ArbSchG	Gesetz über die Durchführung von Maßnahmen des Arbeitsschutzes zur Verbesserung der Sicherheit und des Gesundheitsschutzes der Beschäftigten bei der Arbeit (Arbeitsschutzgesetz)
ASA	Arbeitsschutzausschuss
ASiG	Gesetz über Betriebsärzte, Sicherheitsingenieure und andere Fachkräfte für Arbeitssicherheit (Arbeitssicherheitsgesetz)
BAuA	Bundesanstalt für Arbeitsschutz und Arbeitsmedizin
BDSG	Bundesdatenschutzgesetz
BEM	Betriebliches Eingliederungsmanagement
BG	Berufsgenossenschaft
BGB	Bürgerliches Gesetzbuch
BGF	Betriebliche Gesundheitsförderung
BGM	Betriebliches Gesundheitsmanagement
BioStoffV	Verordnung über Sicherheit und Gesundheitsschutz bei Tätigkeiten mit Biologischen Arbeitsstoffen (Biostoffverordnung)
BMAS	Bundesministerium für Arbeit und Soziales
DGUV	Deutsche Gesetzliche Unfallversicherung
EAH	Ernst-Abbe-Hochschule Jena
ebd.	ebenda
ENWHP	European Network for Workplace Health Promotion/Europäisches Netzwerk für Betriebliche Gesundheitsförderung
EStG	Einkommensteuergesetz

EU	Europäische Union
Fn.	Fußnote
GefStoffV	Verordnung zum Schutz vor Gefahrstoffen (Gefahrstoffverordnung)
i. d. R.	in der Regel
IfSG	Gesetz zur Verhütung und Bekämpfung von Infektionskrankheiten beim Menschen (Infektionsschutzgesetz)
ITS	Intensivtherapiestation
i. V. m.	in Verbindung mit
OWiG	Gesetz über Ordnungswidrigkeiten
Rn.	Randnote
RöV	Verordnung über den Schutz vor Schäden durch Röntgenstrahlen (Röntgenverordnung)
SGB	Sozialgesetzbuch
sog.	sogenannt
StGB	Strafgesetzbuch
STMAS	Bayerisches Staatsministerium für Arbeit und Sozialordnung, Familie und Frauen
StrlSchV	Verordnung über den Schutz vor Schäden durch ionisierende Strahlen (Strahlenschutzverordnung)
ThürmedHygVO	Thüringer Verordnung über die Hygiene und Infektionsprävention in medizinischen Einrichtungen und zur Übertragung einer Ermächtigung nach dem Infektionsschutzgesetz (Thüringer medizinische Hygieneverordnung)
VbE	Vollbeschäftigteneinheit(en)
VBG	Verwaltungs-Berufsgenossenschaft
vs.	versus
WHO	World Health Organization/Weltgesundheitsorganisation

Einleitung

1.1 *Gesunde Arbeit* als aktuelle Herausforderung in der Arbeitswelt

Die Bedingungen in der Arbeitswelt sind seit jeher geprägt von einem ständigen Wandel. Jedoch erfahren die Beschäftigten der heutigen Zeit einen „Strukturwandel", der das Belastungsprofil und die damit verbundenen Auswirkungen auf die Gesundheit verschärft: „Arbeitsverdichtungen, höherer Zeitdruck, Komplexität der Arbeitsaufgaben und Umstrukturierungsmaßnahmen nehmen verstärkt zu." (Draxler und Cheug 2010, S. 9).

Vor diesem Hintergrund belegen zahlreiche Veröffentlichungen und Studien, dass dem Thema *Gesunde Arbeit* eine immer größere Bedeutung eingeräumt werden muss (Malinka 2015, S. 1 f.). Stellvertretend und beispielhaft sei an dieser Stelle auf das an der Ernst-Abbe-Hochschule Jena (EAH) angelegte Forschungsprojekt „Betriebliches Gesundheitsmanagement in Thüringer Unternehmen" (Kraußlach 2015, Kap. 3) verwiesen. Einführend erfolgte hierfür ein Zugriff auf Erhebungen des Statistischen Bundesamtes zum gesundheitsbedingten Ausscheiden von Arbeitnehmern aus dem Erwerbsleben aufgrund von physischen und psychischen Belastungen am Arbeitsplatz – jeder vierte Arbeitnehmer ist demnach gezwungen, im Durchschnittsalter von 55 Jahren sein Erwerbsleben gesundheitsbedingt vorzeitig zu beenden. Auch aufgrund von Unzufriedenheit und negativem Betriebsklima wird mit Bezug auf die sog. Gallup-Studie dahin gehend argumentiert, dass bereits jeder sechste Arbeitnehmer „innerlich gekündigt" hat, was sich mit Blick auf die Unternehmen durch unzureichende Mitarbeiterbindung und einer damit verbundenen Minderleistung sowie erhöhten Fehlzeiten niederschlägt. Ebenfalls werden mittels Veröffentlichungen des Statistischen Bundesamtes die Auswirkungen des demografischen Wandels diskutiert, die neben der

© Springer Fachmedien Wiesbaden GmbH, ein Teil von Springer Nature 2019
R. Piller, *Gesundheitsmanagement in der Pflege*, essentials,
https://doi.org/10.1007/978-3-658-25471-1_1

allseits bekannten Schere zwischen Rückgang der Geburtenzahlen und einer immer älter werdenden Bevölkerung, dabei den Anstieg des Durchschnittsalters der Bevölkerung und deren unmittelbare Auswirkung auf die Quote der Erwerbstätigen prognostizieren (Malinka 2015, S. 1 f.).

Die aktuellen Herausforderungen in der Arbeitswelt und die damit verbundenen gesundheitlichen Auswirkungen auf die Beschäftigten stellen Personalverantwortliche und Führungskräfte vor neue Aufgaben. Insbesondere in der Pflege wird es darum gehen, „einerseits neue Mitarbeiter zu gewinnen und andererseits die alternde Belegschaft lange zu binden" (Malinka 2015, S. 2). Mit dem Angebot eines Betrieblichen Gesundheitsmanagements können Unternehmen einen Wettbewerbsvorteil behaupten, indem sie aktiv einen Beitrag für die Gesunderhaltung ihrer Belegschaft leisten.

1.2   Argumentation und Vorgehensweise

Der Weg, unsere Arbeitnehmerinnen und Arbeitnehmer aller Branchen über betriebliche Gesundheitsmanagementsysteme zu schützen wird seit mehreren Jahren zum Beispiel vonseiten der Berufsgenossenschaften und Krankenkassen propagiert. Obwohl mit Blick auf die Gesundheit der Beschäftigten an der Effektivität dieses Schrittes keinerlei Zweifel besteht, sind integrierte Gesundheitsmanagementsysteme noch nicht Alltag in unserer Unternehmenslandschaft zur Krankenversorgung und Pflege.

Aufgrund der Vielzahl an gesetzlichen Anforderungen für alle Unternehmen erfüllen gerade unsere Kranken- und Pflegeeinrichtungen bereits wesentliche Elemente für ein Betriebliches Gesundheitsmanagement (BGM), die es in allen Bereichen der Pflege für die Beschäftigten zu nutzen gilt – neben den bestehenden und verankerten gesetzlichen Regelungen zum Arbeits- und Gesundheitsschutz (AGS), zur Hygiene oder zum Betrieblichen Eingliederungsmanagement (BEM) werden darüber hinaus umfangreiche Angebote zur Prävention oder zur Work-Life-Balance vorgehalten.

In diesem Zusammenhang ergibt sich innerhalb der Kranken- und Pflegeeinrichtungen gerade für die Stationsleitungen die praktische Relevanz, inwieweit man in dieser *Sandwich*-Position und im Rahmen der gegebenen Konstellationen den notwendigen Forderungen zum Gesundheitsmanagement gerecht werden kann.

Um die Thematik dieser Arbeit fundiert behandeln zu können, sollen im zweiten Kapitel zunächst grundhafte theoretische Einblicke zum BGM eröffnet werden, indem die entscheidenden Arbeitsbegriffe und Definitionen vermittelt und die wichtigsten Meilensteine zur historischen Entwicklung aufgeführt werden. Bevor die Ziele und Prinzipien eines BGM erläutert werden, ist es notwendig, zuvor das grundsätzliche Verhältnis von Arbeit und Gesundheit zu erörtern. In Kap. 3 werden nunmehr die entsprechenden Handlungsbereiche eines BGM in einer sinnvollen Untergliederung dargestellt.

Unter Berücksichtigung gesetzlicher Forderungen und personalwirtschaftlicher Standards, die es in Kap. 4 aufzuzeigen gilt, werden im fünften Kapitel konkrete Perspektiven und Handlungsspielräume einer Stationsleitung zum Thema Gesundheitsmanagement erörtert, um einerseits die eigene Arbeit als Stationsleitung mit Fokus auf diese Thematik kritisch zu reflektieren und um andererseits das Bewusstsein für eine systematisch und nachhaltig betriebene Gesundheitsförderung im Arbeitsalltag zu wecken und für deren Einführung auf den Stationen bzw. in der gesamten Einrichtung zu werben.

Grundlagen zum Betrieblichen Gesundheitsmanagement 2

Auf der Suche nach einer einführenden, aussagekräftigen und knappen Definition zum Betrieblichen Gesundheitsmanagement und einer Abgrenzung zur Betrieblichen Gesundheitsförderung erfolgt der Bezug auf die DIN SPEC 91020, einer in 2012 veröffentlichten Spezifikation, welche standardisierte Anforderungen zu einem BGM in Organisationen festlegt (DIN SPEC 91020: Anwendungsbereich; zitiert nach Kaminski 2013, S. 57 f.).

Betriebliches Gesundheitsmanagement versteht sich hiernach als die *„systematische sowie nachhaltige Schaffung und Gestaltung von gesundheitsförderlichen Strukturen und Prozessen einschließlich der Befähigung der Organisationsmitglieder zu einem eigenverantwortlichen, gesundheitsbewussten Verhalten"* (DIN SPEC 91020: Begriffe; zitiert nach Kaminski 2013, S. 62).

Betriebliche Gesundheitsförderung (BGF) sind *„Maßnahmen des Betriebes unter Beteiligung der Organisationsmitglieder zur Stärkung ihrer Gesundheitskompetenzen sowie Maßnahmen zur Gestaltung gesundheitsförderlicher Bedingungen (Verhalten und Verhältnisse), zur Verbesserung von Gesundheit und Wohlbefinden im Betrieb sowie zum Erhalt der Beschäftigungsfähigkeit"* (ebd.).

Mit Blick auf beide Definitionen treten deutliche Schnittmengen in einer gemeinsamen Zielsetzung hervor. Der entscheidende Unterschied liegt jedoch beim BGM in der *systematischen und nachhaltigen Schaffung entsprechender Strukturen,* welche für das „strategische" Gut *Gesundheit* nur über ein Managementsystem zu gewährleisten sind (Uhle und Treier 2015, S. 38).

Ein *Managementsystem* ist stets von Abläufen in den sog. Steuer- und Koordinierungskreisen geprägt, in denen die erforderlichen Aufgaben prozesshaft benannt und beschlossen werden. Die Beteiligten müssen in der Lage sein, Handlungsbedarfe zu erkennen, Maßnahmen durchzuführen und Ergebnisse neu zu bewerten. Ein solcher Zyklus wird klassisch als PDCA-Kreis (Deming-Zyklus)

© Springer Fachmedien Wiesbaden GmbH, ein Teil von Springer Nature 2019
R. Piller, *Gesundheitsmanagement in der Pflege,* essentials,
https://doi.org/10.1007/978-3-658-25471-1_2

dargestellt. Hierbei stehen die einzelnen Buchstaben für die Schritte *Plan* (planen), *Do* (durchführen), *Check* (überprüfen), *Act* (verbessern). Auch mit Blick auf die Leitungstätigkeit der Stationsleitung im (Gesundheits-) Management ist eine derartige Vorgehensweise bei der Durchführung ihrer Aufgaben zu wählen. Es gilt, Tätigkeiten, Aufgaben und Prozesse regelmäßig zu reflektieren, um im Sinne einer kontinuierlichen Verbesserung den eigenen Beitrag für den Erfolg im Unternehmen zu leisten (Kaminski 2013, S. 23 f.).

2.1　Entwicklung – Wesen und Begriffe

Mit Gründung der Weltgesundheitsorganisation (WHO) wurde in deren Charta vom 22.07.1946 für die heutige Definition des Gesundheitsgriffs ein Meilenstein gesetzt: *„Gesundheit ist ein Zustand des vollständigen körperlichen, geistigen und sozialen Wohlergehens und nicht nur das Fehlen von Krankheit oder Gebrechen."* (WHO 1946, S. 1). Darüber hinaus wird die Stellung des Gutes *Gesundheit* als Menschenrecht klassifiziert und dessen Schutzstatus verankert: *„Der Besitz des bestmöglichen Gesundheitszustandes bildet eines der Grundrechte jedes menschlichen Wesens, ohne Unterschied der Rasse, der Religion, der politischen Anschauung und der wirtschaftlichen oder sozialen Stellung."* (ebd.). Dieser Schutzstatus nimmt damit Gesellschaft, Staat und Unternehmen in die Verantwortung. Jedoch erst auf der Alma-Ata-Konferenz der WHO im Jahre 1978 wurden Anforderungen an eine gesundheitliche Grundbetreuung mit Erweiterung auf den Schwerpunkt *Prävention* gestellt (Draxler und Cheug 2010, S. 27) – „Gesundheitsförderungs-, Präventions-, Heil- und Rehabilitationsangebote" wurden als Teil der „primären Grundversorgung" zugerechnet (WHO 1978, Art. VII.2).

Mit der ersten Internationalen Konferenz zur Gesundheitsförderung wurde 1986 in Kanada die sog. Ottawa-Charta verabschiedet, die sich dem intersektoralen Zusammenwirken für das menschliche Bedürfnis *Gesundheit* und deren Förderung widmete. Sie rief damit zu einem aktiven Handeln bis zum Jahr 2000 und darüber hinaus auf (WHO 1986). Mit Blick auf die Thematik zum BGM können anhand der Charta grundlegende Fundamente identifiziert werden – wesentliche gesundheitsfördernde Aspekte wurden zum Beispiel bereits damals thematisiert (ebd.):

- Entwicklung einer gesundheitsfördernden Gesamtpolitik
- gesundheitsförderliche Lebenswelten schaffen
- gesundheitsbezogene Gemeinschaftsaktionen unterstützen
- persönliche Kompetenzen entwickeln
- Gesundheitsdienste neu orientieren

Die entscheidenden neueren Impulse für das BGM im heutigen Sinne wurden durch das Europäische Netzwerk für Betriebliche Gesundheitsförderung (ENWHP) 1997 mit der „Luxemburger Deklaration zur betrieblichen Gesundheitsförderung in der Europäischen Union" sowie 1998 mit dem „Cardiff-Memorandum zur betrieblichen Gesundheitsförderung in Klein- und Mittelbetrieben" gesetzt (Draxler und Cheug 2010, S. 27). Damit wurden „bis heute national wie international anerkannte Grundsätze für ‚Gesunde Beschäftigte in Gesunden Unternehmen' definiert" (BKK-Dachverband 2017).

Anmerkung
Um die wichtigsten Eckpfeiler der Entwicklung des BGM aufführen zu können, erfolgte an dieser Stelle lediglich eine Näherung über den Gesundheitsaspekt und deren Förderung. Mit Blick auf die Präventionsgedanken zur Unfallverhütung sind Bedeutung und Historie der deutschen Gewerbeaufsicht sowie die der Gesetzlichen Unfallversicherung aus dem 19. Jahrhundert ebenfalls zu unterstreichen (vgl. auch Draxler und Cheug 2010, S. 25 f.).

2.2   Das Verhältnis von Arbeit und Gesundheit

Dass Arbeit krank machen kann, davon zeugen zahlreiche Studien und Veröffentlichungen (Verweise hier in Abschn. 1.1 zu Malinka 2015, S. 1 f.). Aber steht das Verhältnis von Arbeit und Gesundheit gänzlich im Widerspruch? Wie so oft im Leben kommt es auf die Perspektive an und es ergibt sich die Notwendigkeit, zu relativieren. Die Frage nach dem, „Was macht krank?", entspricht dem sog. *pathogenetischen* Ansatz. Einen anderen Fokus setzt hierbei ANTONOVSKYS *salutogenetischer* Ansatz (Antonovsky 1979, zitiert nach Bundeszentrale für gesundheitliche Aufklärung [BZgA] 2001, S. 9). Die entsprechende Fragestellung „Was hält den Menschen gesund?" verkörpert nicht nur einen Gegenpol zum pathogenetischen Ansatz, bei dem es um die strikte Entstehungsfrage von Krankheiten sowie deren Behandlung geht. Vielmehr steht bei der Salutogenese die Förderung und Gesunderhaltung des Menschen nicht nur als Absolutum im Raum, sondern: *„Solutogenese meint, alle Menschen als mehr oder weniger gesund und gleichzeitig mehr oder weniger krank zu betrachten. Die Frage lautet daher: Wie wird ein Mensch mehr gesund und weniger krank?"* (BZgA 2001, S. 24). Diese Vorstellung wird dabei von der Annahme getragen, dass sich die menschliche Existenz mit Blick auf die Gesundheit in einem ungeordneten dynamischen System von Krankheit und Leiden befindet und eben keinen Gleichgewichtszustand im Sinne einer gesundheitlichen Grundordnung einnimmt. Diese eher pessimistische Sichtweise untermauert ANTONOVSKY selbst, indem er das Streben der

Menschen nach Gesundheit als dauerhaften und nie gänzlich erfolgreichen Prozess gegen einen natürlichen Verlust von Gesundheit beschreibt (BZgA 2001, S. 25 f.). Der Mensch und sein gesundheitlicher Zustand befindet sich hiernach in einem sog. *Gesundheits-Krankheits-Kontinuum*, welches modellhaft von den zwei gegenüberliegenden Polen *Gesundheit* und *Krankheit* bestimmt wird, gleichwohl ein vollständiges Erreichen eines dieser Pole im Sinne von vollständiger Gesundheit bzw. absoluter Krankheit auszuschließen sei (BZgA 2001, S. 32). Unabhängig vom Arbeitsprozess stellt sich hierdurch nicht mehr die Frage, „ob jemand gesund oder krank ist, sondern wie weit entfernt bzw. wie nahe er den Endpunkten Gesundheit und Krankheit jeweils ist" (ebd.). ANTONOVSKYS Antwort auf die einflussgebende Bestimmungsgröße für den jeweiligen Gesundheits- oder Krankheitszustand des Menschen ist das *Kohärenzgefühl (sense of coherence)* des Individuums als eine persönliche psychologische Grundhaltung/-einstellung, die den Menschen in die Lage versetzt, seine Fähigkeiten als *generalisierte Widerstandsressourcen* für die Gesunderhaltung seines Organismus einzusetzen (BZgA 2001, S. 28 ff.).

Ein modernes Gesundheitsmanagement setzt bei der Untersuchung des Verhältnisses von Arbeit und Gesundheit hier an und impliziert neben den pathogenetischen Fragestellungen ebenfalls das salutogenetische Modell, indem ANTONOVSKYS Fokus auf die Förderung der individuellen Widerstandsressourcen (z. B. Prävention, Hilfe, Wissensvermittlung, Motivation, Überzeugung usw.) als eine Art „angewandter Salutogenese" konsequent einbezogen wird. Tab. 2.1 soll eine Auswahl sowohl krankheitsfördernder als auch gesunderhaltender Aspekte im menschlichen Arbeitsprozess kurz gegenüberstellen.

Tab. 2.1 Gegenüberstellung pathogenetischer und salutogenetischer Fragestellungen

Pathogenetischer Ansatz	Salutogenetischer Ansatz
Was macht krank?	Was macht gesund?
Was macht mich krank?	Was hält mich gesund?
Welche Situationen machen krank?	Welche Widerstandsressourcen habe ich?
Welche Risikofaktoren gibt es?	Wie kann ich diese verbessern?
Ich fühle mich krank, wenn …	Empfinde ich das Leben als sinnvoll?
Was macht Menschen am Arbeitsplatz krank?	Was benötige ich, um gesund zu sein?
	Ich fühle mich gesund, wenn …
Ich fühle mich am Arbeitsplatz krank, wenn …	Was hält die Menschen am Arbeitsplatz gesund?
	Ich fühle mich am Arbeitsplatz gesund, wenn …
Was brauchen meine Mitarbeiter, um nicht krank zu werden?	Was brauchen meine Mitarbeiter, um gesund zu sein?

(Tabelle nach Draxler und Cheug 2010, S. 11)

Mit Blick auf den Gesundheitszustand der Mitarbeiter im Arbeitsprozess sind also neben den Arbeitsbedingungen (z. B. Arbeitstätigkeit und -umfeld) auch die individuellen Voraussetzungen und Verhaltensweisen maßgeblich. Folglich hat ein Gesundheitsmanagement sowohl eine *personenbezogene* als auch eine *situationsbezogene Perspektive* zu bedienen (Rimbach 2013, S. 17).

Darüber hinaus beinhaltet der Arbeitsprozess nicht nur Belastungen (physisch/psychisch), sondern verkörpert neben dem Einkommen auch wichtige Faktoren bzw. Ressourcen (Fähigkeiten, soziale Kontakte, Identität, Selbstbewusstsein etc.) für das menschliche Dasein schlechthin (ebd.). „Bezogen auf die Arbeitswelt bedeutet dies, dass eine ausgewogene Balance zwischen Arbeitsanforderungen und persönlichen Voraussetzungen sowie situativen und betrieblichen Einflussfaktoren vorhanden sein muss" (ebd.).

2.3   Ziele und Prinzipien eines Betrieblichen Gesundheitsmanagements

Vor dem Hintergrund des Eingangs erörterten Gesundheitsbegriffs und die in diesen Zusammenhang stehenden krankheitsauslösenden (pathogenetischen) und gesundheitsfördernden (salutogenetischen) Fragestellungen ergeben sich für die obere Zielstellung im BGM zwei entscheidende Dimensionen: *„Vermeidung von Pathogenese und Förderung von Salutogenese"* (Kaminski 2013, S. 29 f.). Mit anderen Worten: einerseits Belastungen und Risiken vermeiden/minimieren, andererseits Ressourcen und positive Verhaltensweisen fördern. Diese beiden Dimensionen sind im Arbeitsprozess um die individuellen Aspekte in den *Personen* der Mitarbeiter sowie um die umfeldbezogenen Aspekte in der *Organisation* des Unternehmens zu erweitern (Kaminski 2013, S. 30) – folglich ergibt sich das in Tab. 2.2 dargestellte Spannungsfeld zwischen Risiken und Ressourcen im BGM.

Mit der Umsetzung geeigneter Maßnahmen in einem BGM können sowohl für die Belegschaft als auch für den Unternehmer entscheidende Vorteile zum Tragen kommen. Tab. 2.3 eröffnet eine beispielhafte, nicht abschließende Auswahl entsprechender Vorteile.

Unter Berufung auf Rɪᴍʙᴀᴄʜ können die Ziele in einem BGM effektiv und nachhaltig erreicht werden, indem man die Prinzipien *Ganzheitlichkeit, Partizipation, Integration und Projektorientierung* der „Luxemburger Deklaration zur betrieblichen Gesundheitsförderung in der Europäischen Union" sowie die

Tab. 2.2 Risiken und Ressourcen im BGM

Umfeld\Fragestellung	Pathogenese (krank machend)	Salutogenese (gesundheitsfördernd)
Privatumfeld der Person	• Risikofaktoren (z. B. Bewegungsmangel, Fehlernährung, Tabak-, Alkoholkonsum) • Stress	• Wohlbefinden • Vertrauen • Anerkennung • Sinnstiftung • Qualifikation
Organisatorisches Umfeld im Unternehmen	• Physische Risiken (z. B. Unfälle) • Mobbing • Burn-out • Innere Kündigung	• Arbeitsbedingungen • Soziale Netzwerke • Führung • Unternehmenskultur

(Eigene Darstellung nach Kaminski 2013, S. 30 – Abb. 4.1: Das Spannungsfeld des Betrieblichen Gesundheitsmanagements [nach Badura])

Tab. 2.3 Vorteile integrierter Maßnahmen zur Betrieblichen Gesundheitsförderung

Vorteile für Arbeitgeber	Vorteile für Arbeitnehmer
Sicherung der Leistungsfähigkeit aller Mitarbeiter Erhöhung der Motivation durch Stärkung der Identifikation mit dem Unternehmen Kostensenkung durch weniger Krankheits- und Produktionsausfälle Steigerung der Produktivität und Qualität Imageaufwertung des Unternehmens Stärkung der Wettbewerbsfähigkeit	Verbesserung des Gesundheitszustandes und Senkung gesundheitlicher Risiken Reduzierung der Arztbesuche Verbesserung der gesundheitlichen Bedingungen im Unternehmen Verringerung von Belastungen Verbesserung der Lebensqualität Erhaltung/Zunahme der eigenen Leistungsfähigkeit Erhöhung der Arbeitszufriedenheit und Verbesserung des Betriebsklimas Mitgestaltung des Arbeitsplatzes und des Arbeitsablaufs

(Bundesministerium für Gesundheit 2011, S. 9)

Kriterien des *Gender Mainstreamings* bzw. des *Diversity Mangements* berücksichtigt (Rimbach 2013, S. 34 f.):

Ganzheitlichkeit

Ein ganzheitlich orientiertes Gesundheitsmanagement beinhaltet sowohl verhaltens- als auch verhältnisorientierte Maßnahmen. Das heißt, der Mensch wird mit seinem Verhalten, seinen Einstellungen, Fähigkeiten und Handlungen in der Wechselbeziehung zu seiner Tätigkeit, seinem Arbeitsumfeld und den damit verbundenen

Bedingungen gesehen. Dabei geht es um die präventive Verbindung von Risiko-reduktion mit dem Ausbau von Schutzfaktoren und Gesundheitspotenzialen (ENWHP 2014 sowie Rimbach 2013, S. 34).

Partizipation und Integration

Das Prinzip der Partizipation richtet sich auf die transparente Einbeziehung der gesamten Belegschaft im Unternehmen. In diesem Zusammenhang sind eben-falls die wichtigen Entscheidungen zu den einzelnen Maßnahmen im Gesund-heitsmanagement für die gesamte Belegschaft, ausgehend vom Gremium der Geschäftsführung, den betrieblichen Interessenvertretern (Betriebsrat, Jugend- und Auszubildendenvertretung usw.), sämtlichen Beauftragten (Fachkraft für Arbeits-sicherheit, Datenschutz, Ersthelfer etc.) über jede Hierarchie bis zu jedem einzel-nen Mitarbeiter zu berücksichtigen (ENWHP 2014 sowie Rimbach 2013, S. 34).

Projektorientierung

„Alle Maßnahmen und Programme müssen systematisch durchgeführt werden: Bedarfsanalyse, Prioritätensetzung, Planung, Ausführung, kontinuierliche Kon-trolle und Bewertung der Ergebnisse (Projektmanagement)" (ENWHP 2014). Projektorientierung zielt im Allgemeinen darauf ab, inhaltliche Arbeit in einem systematisch und kontinuierlich gesteuerten Prozess durchzuführen (Rimbach 2013, S. 35). Folglich wird an dieser Stelle die Forderung erhoben, angestrebte Maßnahmen zur Betrieblichen Gesundheitsförderung im Rahmen eines BGM zu betreiben.

Gender Mainstreaming und Diversity Management

Während *Gender Mainstreaming* einerseits auf die allgemeine Gleichstellung zwischen Mann und Frau abzielt, gilt es andererseits, deren geschlechtsspezi-fische Unterschiede in Form von Leistungsvermögen, Lebenssituationen und Interessen zu berücksichtigen. Im *Diversity Management* hingegen steht sowohl die Toleranz als auch die Wertschätzung der Heterogenität *aller* Beschäftigten im Unternehmen im Mittelpunkt. Hierbei soll im Sinne von Chancengleichheit und Nicht-Diskriminierung eine produktive Gesamtatmosphäre im Unternehmen geschaffen werden, bei der nicht die Minderheit im Vordergrund steht, sondern die gesamte Belegschaft in ihren Unterschieden und Gemeinsamkeiten (z. B. Geschlecht, Ethnie, Alter, Behinderung, sexuelle Orientierung, Religion, Lebens-stil usw.) (Bundesagentur für Arbeit 2011).

Handlungsbereiche im Betrieblichen Gesundheitsmanagement 3

Das Betriebliche Gesundheitsmanagement erfüllt eine übergeordnete Funktion zu allen im Betrieb verankerten gesundheitsbezogenen Handlungsbereichen, welche zuweilen eigenständig aber auch vernetzt in den betrieblichen Prozessen wirken. Ihre Legitimation erhalten sie zumeist auf Basis gesetzlicher Grundlagen, darüber hinaus kann/soll/muss aber auch ein weiterführendes Angebot mit Blick auf notwendige betriebsspezifische Bedarfe erfolgen (Uhle und Treier 2015, S. 35 ff.).

An dieser Stelle soll es darum gehen, ausgewählte Handlungsbereiche zum BGM in ihren Ansätzen „kurz und knapp" vorzustellen. Jedoch fällt es schwer, eine allgemeingültige Gliederung aufzufinden, bzw. dann auch einer solchen zu folgen, da diese aufgrund verschiedenster Unternehmensstrukturen und Betriebsspezifika immer wieder voneinander abweichen würden. UHLE/TREIER untergliedern ihre Handlungsbereiche zum BGM u. a. wie folgt: *„Bestandteile des BGM sind die betriebliche Gesundheitsförderung (BGF), der Arbeits- und Gesundheitsschutz (AGS), das betriebliche Eingliederungsmanagement (BEM), die Personalpflege sowie spezifische Bereiche der Personal- und Organisationsentwicklung."* (Uhle und Treier 2015, S. 36). Diese Systematik wird im Folgenden aufgegriffen und untersetzt – abweichend werden die letztgenannten Punkte (Personalpflege und spezifische Bereiche der Personal- und Organisationsentwicklung) unter dem übergeordneten Schwerpunkt *Gesundheitsorientierte Personalführung* behandelt (analog Rimbach 2013, S. 62 ff.).

Anmerkungen
Neben dieser Aufgliederung gibt es natürlich weitere Beiträge, die die Handlungsbereiche des BGM untersetzen (stellvertretend z. B. Rimbach 2013, Kap. 3 oder STMAS 2003, Abschn. 3.5). Wie jedoch auch das Beispiel von UHLE/TREIER zeigt, können sich in den ausgewiesenen Handlungsbereichen zwangsläufig gemeinsame Schnittmengen ergeben (Maßnahmen des BEM können gleichzeitig auch Bestandteile der Personalpflege sein, Felder der BGF können zugleich Inhalte des AGS verkörpern usw.).

© Springer Fachmedien Wiesbaden GmbH, ein Teil von Springer Nature 2019   13
R. Piller, *Gesundheitsmanagement in der Pflege*, essentials,
https://doi.org/10.1007/978-3-658-25471-1_3

3.1   Gesundheitsorientierte Personalführung

Es besteht kein Zweifel darin, dass Führungskräfte einen entscheidenden Einfluss auf das Wohlbefinden und damit die Gesundheit ihrer Mitarbeiter am Arbeitsplatz haben. Folglich kann ein falsches Führungsverhalten Mitarbeiter auch krank machen (Matyssek 2003, S. 10).

In ihrem Leitfaden zu einer gesundheitsgerechten Mitarbeiterführung greift MATYSSEK zahlreiche Studien auf, die den Zusammenhang zwischen Mitarbeiterzufriedenheit bei „guter/schlechter Führung" und dem Gesundheitszustand bzw. Krankenstand der Mitarbeiter belegen (Matyssek 2003, S. 24 f.). Eine Studie verweist sogar darauf, dass Vorgesetzte beim Wechsel ihrer Abteilung, eine vorherig erhöhte Abwesenheitsquote auf die neue Abteilung mit ehemals niedriger Fehlzeitenquote übertragen (Matyssek 2003, S. 25). Damit wird der Handlungsbereich einer gesundheitsorientierten Personalführung zum Fundament eines BGM – Führungskräfte stellen in ihrer Eigenschaft als Vorgesetzte zugleich Ressource und auch Belastung dar (Rimbach 2013, S. 62), Vorgesetzte tragen Verantwortung für die Arbeitsbedingungen und stellen selbst eine Arbeitsbedingung dar (Matyssek 2015, S. 205). Ein „gesundheitsgerechtes Führungsverhalten" zeichnet sich u. a. durch folgende Merkmale aus (Matyssek 2015, S. 206):

- das Interesse der Führungskraft fokussiert nicht nur die Leistungen der Mitarbeiter, sondern widmet sich ebenfalls dem „Menschen im Mitarbeiter" und erkennt damit mögliche Anzeichen von Überlastungen und Problemen (hierzu gehören z. B. auch Wertschätzung, Übertragen von Verantwortung, Einbeziehen oder soziale Unterstützung)
- Sorge für gesundheitsgerechte Arbeitsbedingungen
- Gesundheit wird zu einem selbstverständlichen Thema gemacht
- die Führungskraft stellt sich mit Blick auf Leistungsgrenzen und mögliche Gesundheitsgefährdungen schützend vor ihr Team

Neben dem eigentlichen Führungsverhalten erfüllen Vorgesetzte eine wichtige Vorbildfunktion mit Blick auf die Gestaltung eines gesunden Arbeitsklimas (z. B. Kommunikationsstil, Einhaltung des gesetzlichen Arbeit- und Gesundheitsschutzes, Arbeitspausen, Erreichbarkeit, Wertschätzung, Transparenz bis hin zu einem „Vorleben" eines gesundheitsbewussten Lebensstils). Grundlage einer gesunden Führungskultur ist somit gleichsam ein gesunder Umgang mit sich selbst, zumal Führungskräfte ebenfalls zahlreichen Belastungen ausgesetzt sind (Matyssek 2015, S. 205). Führungskräfte befinden sich in mehreren Zielkonflikten, v. a. gegenüber den unterstellten Mitarbeitern und den übergeordneten Vorgesetzten. MATYSSEK titulation hierbei „Die Einsamkeit des Vorgesetzten" und benennt u. a. folgende Beispiele für derartige Dilemmata (Matyssek 2003, S. 71 ff.):

- verständnisvoller Vorgesetzter vs. unternehmensorientierter Manager
- Kostendruck vs. Qualität und Quantität
- Vertrauen gewinnen vs. Vertrauensmissbrauch im Entscheidungsfall
- Zeitdruck oder Personalengpässe vs. Einhaltung von Auflagen und Vorschriften
- Transparenz und offener Umgang mit Mitarbeitern vs. Weitergabe von Interna

Aufgrund derartiger Zielkonflikte können auch per se gesundheitsorientierte Führungskräfte an ihre Grenzen stoßen. „Dies bedeutet, dass sie sich ihrer eigenen Belastungen bewusst werden müssen, um ein gesundheitsgerechtes Verhalten auch vorleben zu können und das Thema Gesundheit glaubhaft vertreten zu können. Folglich bildet Selbstfürsorge (self-care) und Fürsorge für die Mitarbeiter die Basis für Gesundheit" (Rimbach 2013, S. 64).

3.2 Gesetzlicher Arbeits- und Gesundheitsschutz

Einen allgemeinen gesetzlichen Anspruch auf Arbeits- und Gesundheitsschutz (AGS) im Arbeitsprozess erwerben alle Arbeitnehmer in Deutschland mit dem Abschluss eines Arbeitsvertrages im Sinne des Bürgerlichen Gesetzbuches (BGB) und der daraus resultierenden „Fürsorgepflicht" des Arbeitgebers. Dieser „hat Räume, Vorrichtungen oder Gerätschaften [...] so einzurichten und zu unterhalten und Dienstleistungen, die unter seiner Anordnung oder seiner Leitung vorzunehmen sind, so zu regeln, dass der Verpflichtete gegen Gefahr für Leben und Gesundheit soweit geschützt ist, als die Natur der Dienstleistung es gestattet" (§ 618 (1) BGB: Pflicht zu Schutzmaßnahmen).

Ebenfalls ergibt sich der gesetzliche AGS aus dem Sozialgesetzbuch (SGB) VII: „Der Unternehmer ist für die Durchführung der Maßnahmen zur Verhütung von Arbeitsunfällen und Berufskrankheiten, für die Verhütung von arbeitsbedingten Gesundheitsgefahren sowie für eine wirksame Erste Hilfe verantwortlich." (§ 21 (1) SGB VII).

Während die konkreten Regelungen zum deutschen Arbeitsschutz traditionell eher auf Unfallverhütung (Sicherheit am Arbeitsplatz, Unterweisung, Kontrolle) und lediglich auf die Vermeidung von Berufskrankheiten ausgerichtet waren (siehe z. B. Unfallversicherungsgesetz der Gesetzlichen Unfallversicherung von 1884 bis hin zum Arbeitssicherheitsgesetz (ASiG) von 1973), können wir mit

Einführung des Arbeitsschutzgesetzes (ArbSchG) von 1996 auf ein erweitertes Verständnis blicken. „Das wichtigste Gesetz, welches als die verbindliche rechtliche Basis gegenwärtigen Gesundheitsmanagements in Organisationen anzusehen ist, stellt das Arbeitsschutzgesetz (ArbSchG) […] dar" (Rimbach 2013, S. 46). Das Spektrum bedient neben der ursprünglich eher sicherheitsorientierten Ausrichtung nunmehr auch präventive Ansätze zur Gestaltung gesundheitsgerechter Arbeitsbedingungen – Arbeits- *und* Gesundheitsschutz. Darüber hinaus verpflichtet das ArbSchG den Arbeitgeber, die entsprechenden Maßnahmen zum AGS systematisch und auf den Einzelfall bezogen, das heißt, dem heutigen Verständnis nach, im Rahmen eines „Managements" zu gestalten (vgl. § 3 (1) ArbSchG). Hierbei hat der Arbeitgeber von folgenden allgemeinen Grundsätzen auszugehen, die sich im Einklang mit den Prinzipien zum BGM befinden (vgl. Abschn. 2.3):

Übersicht: Allgemeine Grundsätze nach § 4 ArbSchG

1. „Die Arbeit ist so zu gestalten, dass eine Gefährdung für das Leben sowie die physische und die psychische Gesundheit möglichst vermieden und die verbleibende Gefährdung möglichst gering gehalten wird;
2. Gefahren sind an ihrer Quelle zu bekämpfen;
3. bei den Maßnahmen sind der Stand von Technik, Arbeitsmedizin und Hygiene sowie sonstige gesicherte arbeitswissenschaftliche Erkenntnisse zu berücksichtigen;
4. Maßnahmen sind mit dem Ziel zu planen, Technik, Arbeitsorganisation, sonstige Arbeitsbedingungen, soziale Beziehungen und Einfluss der Umwelt auf den Arbeitsplatz sachgerecht zu verknüpfen;
5. individuelle Schutzmaßnahmen sind nachrangig zu anderen Maßnahmen;
6. spezielle Gefahren für besonders schutzbedürftige Beschäftigtengruppen sind zu berücksichtigen;
7. den Beschäftigten sind geeignete Anweisungen zu erteilen;
8. mittelbar oder unmittelbar geschlechtsspezifisch wirkende Regelungen sind nur zulässig, wenn dies aus biologischen Gründen zwingend geboten ist".

Aus dem ArbSchG ergeben sich u. a. weitere wichtige Pflichten des Arbeitgebers, die an dieser Stelle und vor dem Hintergrund der Themenstellung kurz aufgeführt werden sollen:

- Pflicht zur Gefährdungsbeurteilung der Arbeitsbedingungen (Arbeitsplatz und/ oder Tätigkeit (§ 5 ArbSchG) einschl. Dokumentation (§ 6 ArbSchG))
- Gewährleistung der Ersten Hilfe und sonstiger Notfallmaßnahmen im Sinne von Brandschutz, Evakuierung usw. (§ 10 ArbSchG)
- Pflicht zur arbeitsmedizinischen Vorsorge (§ 11 ArbSchG)
- Pflicht zur Unterweisung (§ 12 ArbSchG).

Neben den Arbeitgeber-Pflichten werden beim Thema AGS dem Arbeitnehmer ebenfalls entscheidende Pflichten eingeräumt:

- Einhaltung der Weisungen (einschl. Unterweisungen) des Arbeitgebers zur Sicherheit und Gesundheit (§ 15 ArbSchG)
- Unterstützungspflichten im Hinblick auf Gefahrenabwehr (§ 16 ArbSchG).

Für die Gestaltung der Prozesse im AGS bildet das Arbeitssicherheitsgesetz (ASiG) einen rechtlichen Rahmen. Der Arbeitgeber hat hiernach sog. *Fachkräfte für Arbeitssicherheit* und *Betriebsärzte* zu bestellen, die ihm in Zusammenarbeit mit dem Betriebsrat zum Thema AGS beraten und unterstützen sollen (§ 1 ASiG). In Betrieben mit mehr als 20 Mitarbeitern sind in Abhängigkeit zur Mitarbeiteranzahl *Sicherheitsbeauftragte* zu bestellen, die mit Blick auf die bestehenden Gefährdungen/Gefahren sowie die räumliche und zeitliche Nähe zu den Beschäftigten ebenfalls Unterstützungspflichten im Bereich des AGS innehaben (§ 20 DGUV Vorschrift 1). Des Weiteren muss in solchen Betrieben ein *Arbeitsschutzausschuss* (ASA) gebildet werden, der mindestens vierteljährlich zusammentritt (§ 11 ASiG).

Die Organisation der Ersten Hilfe stellt für Kranken- und Pflegeeinrichtungen in der Regel keine Hürde dar. Nach § 26 DGUV Vorschrift 1 werden in Abhängigkeit zur Beschäftigtenanzahl ausgebildete Ersthelfer gefordert. Da bei medizinischem Personal die Qualifikation zur Ersten Hilfe zu den Inhalten des Hauptberufes gehört (DGUV Regel 100–001, Pkt. 4.8.2), müssen hierbei die jeweiligen Ersthelfer lediglich benannt und beruflich fortgebildet werden.

Der rechtliche Rahmen, die Prinzipien, die Fülle an Regelwerken und Unterstützungsangeboten, der Grad der Institutionalisierung (Berufsgenossenschaften, Gewerbeaufsicht usw.) und das heutige Verständnis von Arbeits- und Gesundheitsschutz bilden aufgrund dieser enormen Bandbreite sowohl eine fundamentale Basis als auch das gesetzliche Mindestmaß, welches ein Betriebliches Gesundheitsmanagement erfüllen muss. Damit wird der Handlungsbereich AGS zu einem der wichtigsten Säulen in einem BGM.

Anmerkung
Auch wenn die Schwerpunkte Infektionsschutz, Hygiene, Gefahrstoffe, Biostoffe und Strahlenschutz aufgrund ihrer Tragweite und des organisatorischen Aufwands die Thematisierung in einem eigenständigen Handlungsbereich rechtfertigen, werden diese dennoch vom Handlungsbereich AGS erfasst (biologische, chemische und physikalische Gefährdungen). Trotzdem soll an dieser Stelle ein Verweis auf die wichtigsten gesetzlichen Grundlagen erfolgen: siehe z. B. Biostoffverordnung (BioStoffV), Gefahrstoffverordnung (GefStoffV), Infektionsschutzgesetz (IfSG), Röntgenverordnung (RöV), Strahlenschutzverordnung (StrlSchV), nach Landesrecht stellvertretend für Thüringen: Thüringer medizinische Hygieneverordnung (ThürmedHygVO) usw.

3.3   Betriebliche Gesundheitsförderung

Maßnahmen zur Betrieblichen Gesundheitsförderung dienen im Allgemeinen dazu, individuelle Gesundheitsressourcen zu stärken und zielen auf einen personen- und situationsbezogenen Ansatz am Menschen, indem dessen *Verhalten* und dessen *Verhältnisse* beeinflusst werden sollen (Uhle und Treier 2015, S. 36, 42 ff.).

„Gesundheitsförderung ist dabei nicht nur präventiv auszurichten, sondern ausdrücklich auch in den Phasen der Therapie, Rehabilitation und der Begleitung chronischer Erkrankungen [...] anzuwenden" (Uhle und Treier 2015, S. 44). Folglich geht es um die Vermittlung von Wissen und/oder die Motivation zum Handeln, wobei es keine Rolle spielt, inwieweit sich die Aktivitäten auf das Privatleben oder den Arbeitsprozess beziehen, da der Gesundheitsaspekt an sich im Vordergrund steht. Im Rahmen der sog. *Verhaltens- und Verhältnisprävention* können derartige Maßnahmen zur BGF ein sehr breites Spektrum von Einzelangeboten bedienen. In Tab. 3.1 erfolgt eine entsprechende Gegenüberstellung möglicher Einzelmaßnahmen/-angebote anhand von Kategorien im Rahmen der Betrieblichen Gesundheitsförderung.

Tab. 3.1 Verhaltens- und verhältnisorientierte Maßnahmen in der BGF

Kategorie	Verhaltensorientierte Maßnahmen	Verhältnisorientierte Maßnahmen
Ernährung	Ernährungskurse, Ernährungsberatung	Gesunde Kantinenkost
Bewegung/Ergonomie	Rückenkurse, Walking	Gesundheitsfördernde Arbeitsplatzgestaltung
Stressbewältigung	Kurse zur Entspannung, Stressmanagement, Weiterbildung	Gesundheitsgerechte Mitarbeiterführung
Suchtprävention	Kurse zur Tabakentwöhnung	Rauchfreier Betrieb, Verbesserung des Betriebsklimas (Mobbing, Mitarbeiterführung)
Organisationsgestaltung	Fort- und Weiterbildung im Bereich Organisation und Gesundheit	Etablierung von Gesundheitszirkeln, bauliche Maßnahmen zur Gesundheitsförderung
Arbeitsgestaltung	Fort- und Weiterbildung im Bereich Arbeitsgestaltung	Arbeitsplatzwechsel, flexible Arbeitszeiten
Unternehmenskultur	Führungskräfteschulung	Leitbild, transparente Kommunikation, Führungskompetenz

(Bundesministerium für Gesundheit 2011, Tabelle, S. 12)

3.4 Betriebliches Eingliederungsmanagement

Seit 01.05.2004 hat der Gesetzgeber die Arbeitgeber dazu verpflichtet, für alle Arbeitnehmer, deren Arbeitsverhältnis aus Krankheitsgründen gefährdet ist, ein Betriebliches Eingliederungsmanagement (BEM) anzuwenden (seit 01.01.2018 § 167 (2) SGB IX); vorher § 84 (2) SGB IX). Sobald Beschäftigte „innerhalb eines Jahres länger als sechs Wochen ununterbrochen oder wiederholt" arbeitsunfähig sind, ist unter Einbeziehung der betrieblichen Interessenvertretung und unter Beachtung der Bestimmungen zum Datenschutz ein auf Freiwilligkeit beruhendes Präventionsverfahren einzuleiten (ebd.). Art und Umfang der einzelnen Verfahrensschritte sollten hierbei für den jeweiligen Betrieb systematisch festgelegt, dokumentiert und transparent gestaltet werden (Rimbach 2013, S. 53 f.).

Ziele des BEM-Verfahrens (§ 167 (2) SGB IX):

- Überwindung der Arbeitsunfähigkeit
- Vermeidung erneuter Arbeitsunfähigkeit
- Erhalt des Arbeitsplatzes

Insbesondere ist dabei gemeinsam mit der betroffenen Person festzustellen, wie die Arbeitsunfähigkeit überwunden werden kann, welche Hilfen und Leistungen vorbeugen können, ob die Arbeitsunfähigkeit im Zusammenhang mit dem Arbeitsprozess steht, inwieweit eine Wiedereingliederung erfolgversprechend sein kann, wie der Arbeitsplatz erhalten bzw. die Fähigkeiten der Person weiter genutzt werden können und/oder die Ursachen im Betrieb beseitigt werden können (Rimbach 2013, S. 52 f.).

„Das BEM stellt [..] eine wichtige Säule im BGM dar und zeigt eine hohe Verzahnung mit der Organisationsentwicklung und erfordert eine interdisziplinäre Zusammenarbeit von den verschiedensten Akteuren" (Rimbach 2013, S. 54). Dabei tangiert es einen sensiblen Bereich im Verhältnis zwischen Arbeitnehmer und Arbeitgeber. Ein vertrauensvolles Verhältnis und ein verantwortungsbewusster Umgang sind hierbei unumgänglich.

Exkurs: Abgrenzung BEM und Krankenrückkehrgespräch
Während das BEM ein umfassendes gesetzliches Verfahren beschreibt, welches bereits während der Erkrankung des Arbeitnehmers erfolgt und die Möglichkeiten einer Weiterbeschäftigung ausloten soll, findet ein Krankenrückkehrgespräch erst nach Genesung und Rückkehr an den Arbeitsplatz statt. Es wird ggf. vom Arbeitgeber initiiert und ist für den Arbeitnehmer dann verpflichtend (BMAS 2016, S. 14 f.).

Rechtliche und personalwirtschaftliche Standards zum Betrieblichen Gesundheitsmanagement

4

Der Leser konnte bei der Vorstellung der Handlungsbereiche in einem Gesundheitsmanagement bereits erkennen, dass ein Bezug auf allgemeine Normen schon in Kap. 3 erfolgt ist. Mit Blick auf den Verantwortungsbereich einer Stationsleitung sollen nunmehr diese allgemeinen rechtlichen Forderungen und personalwirtschaftliche Standards für die sog. *„Sandwich-Position"* der Stationsleitung in der typischen Hierarchie einer Kranken- und Pflegeeinrichtung vertieft werden.

4.1 Gesundheitsorientierte Personalführung

Um personalwirtschaftliche Standards einer gesundheitsorientierten Personalführung geeignet herauszustellen, kann man sich an den grundlegenden Leitgedanken zur Mitarbeiterorientierung im Rahmen des Qualitätsmanagements anlehnen. „Mitarbeiterorientierung im Qualitätsmanagement umfasst alle Aktivitäten einer Organisation, die auf die Förderung und Einbeziehung ihrer Mitarbeiter ausgerichtet sind, um die Effektivität (Verwirklichung der Qualitätsziele) und Effizienz (zielgerichteter Ressourcenverbrauch) der gesamten Einrichtung zu steigern" (Hensen 2016, S. 267). Hierbei werden die Mitarbeiter und deren zu förderndes Engagement als Ressource betrachtet, deren Werterhaltung in der Unternehmenskultur fest verankert sein sollte (Hensen 2016, S. 268). Eine derart verstandene Mitarbeiterorientierung, in der Fachliteratur auch *people empowerment* genannt, verfolgt hauptsächlich zwei Ziele: „Die Steigerung der *Handlungsfähigkeit* (Wissen und Fertigkeiten) und eine Stärkung der *Mitarbeiterbeteiligung* (Partizipation und Übertragung von Verantwortung)." (Hensen 2016, S. 269). Die Führungsaufgabe besteht nunmehr darin, mittels geeigneter Methoden dieser Zielstellung gerecht zu werden.

© Springer Fachmedien Wiesbaden GmbH, ein Teil von Springer Nature 2019   21
R. Piller, *Gesundheitsmanagement in der Pflege*, essentials,
https://doi.org/10.1007/978-3-658-25471-1_4

Übersicht: Methoden zur Mitarbeiterorientierung
Allgemeine Methoden der Mitarbeiterorientierung (Hensen 2016, Abschn. 10.2, S. 270 ff.):

- Zufriedenheit und Motivation
- Führung
- Personalentwicklung

Spezielle Methoden der Mitarbeiterbeteiligung (Hensen 2016, Abschn. 10.3, S. 287 ff.):

- Mitarbeiterbefragungen
- Betriebliches Vorschlagswesen
- Beauftragtenwesen

Unter Berücksichtigung branchenbezogener Spezifika müssen Stationsleitungen ebenfalls geeignete Methoden zur Mitarbeiterorientierung sowohl mit Blick auf ihre allgemeine Rolle als Führungskraft als auch vor dem Hintergrund einer *gesunden Führung* anwenden. UHLE/TREIER greifen diese Thematik auf und weisen geeignete Führungsinstrumente aus, welche auf Basis mehrere Forschungsprojekte mittel- und langfristige Erfolge im Rahmen einer gesunden Führung generieren können.

Übersicht: Mittel- und langfristige Erfolgsfaktoren einer gesunden Führung
Mittelfristige Erfolgsfaktoren:

- *Beteiligung und Einbindung:* Suche und Auswahl geeigneter Mitarbeiter als Multiplikatoren für gesundheitsrelevante Aufgaben sowie frühzeitige Einbindung von Mitarbeitern in gesundheitsbezogene Entscheidungen
- *Förderung von Eigeninitiative:* Unterstützung und Motivation der Mitarbeiter gesundheitsbezogene Vorschläge zu unterbreiten
- *Übernahme von Verantwortung:* Vorleben der Thematik, Anwendung eines gesundheitsförderlichen Führungsstils, Gestaltung einer gesunden Arbeitsumgebung, Verantwortlichkeiten herausstellen
- *Weitergabe von Informationen:* Nutzung aller formeller Gesprächssituationen zur Einbindung der Thematik Gesundheit

> Langfristige/nachhaltige Erfolgsfaktoren:
>
> - *Systematische Führung:* gemeinsame Zielvereinbarungen schließen
> - *Ziehen von Konsequenzen:* Kontrolle, Auswertung, Korrekturmaßnahmen hinsichtlich der Zielvereinbarungen
> - *Anerkennung:* Wertschätzung und Anerkennung als Motivator bei entsprechender Leistung
> - *Fairness:* Einhalten von Zusagen, Gerechtigkeit im Führen und bei der Zuweisung von Aufgaben, Anreizen, Chancen, Beurteilungen
>
> (eigene Darstellung in Anlehnung an Uhle und Treier 2015, S. 152 ff.).

4.2   Gesetzlicher Arbeits- und Gesundheitsschutz

Einen Schwerpunkt im gesetzlichen Arbeits- und Gesundheitsschutz bildet die Analyse und Beurteilung der Arbeitsbedingungen hinsichtlich möglicher Gefährdungen nach ArbSchG – diese liegen in der Regel in Form von „Gefährdungs- und Belastungsanalysen" vor und sind mit Blick auf Aktualität regelmäßig zu überarbeiten. Die in diesem Zusammenhang notwendigen Bestellungen einer Fachkraft für Arbeitssicherheit und eines Betriebsarztes können auch durch sog. Externe (i. d. R. Dienstleister im Arbeits- und Gesundheitsschutz) vorgenommen werden. Die Unterstützungsfunktionen der Sicherheitsbeauftragten, Brandschutzhelfer und Ersthelfer werden i. d. R. durch entsprechend geschulte Mitarbeiter des jeweiligen Hauses abgedeckt. Dies gilt analog für den Krankenhaushygieniker, die Hygienebeauftragten Ärzte und die Hygienefachkräfte nach ThürmedHygVO (landesrechtlich stellvertretend für Thüringen) sowie für den Strahlenschutzbeauftragten nach RöV. Hierzu werden regelmäßige Begehungen durch die bestellten Fachkräfte initiiert und durchgeführt, um die Vorgaben zum AGS einschl. der Bestimmungen zur Unfallverhütung, zum Brandschutz, zur Hygiene, zum Infektionsschutz und zum Strahlenschutz zu kontrollieren und ggf. zu korrigieren.

Der nach ASiG geforderte Arbeitsschutzausschuss zur Beratung und Unterstützung in Sachen Arbeits-/Gesundheitsschutz und Unfallverhütung muss unter Beteiligung der Geschäftsführung (Klinikleitung), der Fachkraft für Arbeitssicherheit, des Betriebsarztes, ausgewählter Vertreter des Betriebsrates und der Sicherheitsbeauftragten mindestens vierteljährlich zusammentreten.

Die Hygienekommission ist unter Beteiligung der nach § 4 (1) Thürmed-HygVO (landesrechtlich stellvertretend für Thüringen) zugehörigen Mitglieder halbjährlich, bzw. bei Bedarf oder aktuellem Anlass auch darüber hinaus, einzuberufen, um ihrer Steuerungs-, Beratungs- und Unterstützungsfunktion im Bereich der Krankenhaushygiene gerecht zu werden.

Eine konsequente arbeitsmedizinische Vorsorge durch den Betriebsarzt ist unter Berücksichtigung der Gefährdungsbeurteilungen und gemäß der Verordnung zur arbeitsmedizinischen Vorsorge (ArbMedVV) bei allen Mitarbeitern sicherzustellen. Entsprechend nachfolgender Übersicht sieht die Arbeitsmedizinische Regel (AMR) Nr. 2.1 u. a. folgende Maximal-Fristen vor:

Übersicht: Auszug aus der AMR 2.1 – Punkt 3

- „Die erste Vorsorge muss innerhalb von drei Monaten vor Aufnahme der Tätigkeit veranlasst oder angeboten werden" (Pkt. 3 (1) AMR 2.1)
- Die zweite Vorsorge muss i. d. R. spätestens 12 Monate nach Aufnahme der Tätigkeit veranlasst bzw. angeboten werden (Pkt. 3 (2) c) AMR 2.1). Hierbei sind jedoch Ausnahmen zu beachten, zum Beispiel:

  Tätigkeiten mit Exposition gegenüber atemwegssensibilisierend oder hautsensibilisierend wirkenden Gefahrstoffen [...] bzw. sensibilisierend oder toxisch wirkenden biologischen Arbeitsstoffen sowie bei Feuchtarbeit spätestens sechs Monate (Pkt. 3 (2) a) AMR 2.1).

- „Jede weitere Vorsorge einschließlich nachgehender Vorsorge muss spätestens 36 Monate nach der vorangegangenen Vorsorge veranlasst bzw. angeboten werden" (Pkt. 3 (3) AMR 2.1).

Die ArbMedVV gliedert die Vorsorgeuntersuchungen in Pflicht-, Angebots- oder Wunschvorsorgen mit unterschiedlichen rechtlichen Konsequenzen. Die Art der jeweiligen Vorsorge ergibt sich aus den Tätigkeiten der Mitarbeiter, welche im Anhang der ArbMedVV entsprechend klassifiziert sind.

Arbeitskleidung sowie Schutzkleidung im Sinne von persönlicher Schutzausrüstung (PSA) sind durch den Arbeitgeber zu stellen.

Die Erst-, Folge- und Bedarfsunterweisungen der Mitarbeiter zum AGS (einschl. Unfallverhütung, Brandschutz, Infektionsschutz, Hygiene, Strahlenschutz) liegen ebenfalls im organisatorischen Verantwortungsbereich des Arbeitgebers und haben mittels geeigneter Maßnahmen nachweislich zu erfolgen.

Die Kontrollen von elektrischen Geräten (Betriebsmitteln) und ortsfesten Anlagen/Betriebsmitteln sind nachweislich entsprechend der dafür vorgesehenen Fristen seitens des Arbeitgebers zu organisieren (siehe DGUV Vorschrift 3). Deren zugehörige Unterweisungen der Mitarbeiter zu Umgang und Bedienung haben ebenfalls sowohl bei Neueinstellung als auch jährlich wiederkehrend zu erfolgen.

Anmerkung

Aufgrund des breiten Spektrums an Regelungen im AGS und mit Blick auf die Thematik dieser Veröffentlichung können auch an dieser Stelle nicht alle Themenfelder im AGS aufgegriffen werden (z. B. Umgang mit Gefahrstoffen, Sicherheitsdatenblätter, Betriebsanweisungen, Zutritts-/Aufenthaltsverbote, Brandschutz, Flucht- und Rettungspläne usw.). Für einen weiterführenden Einblick zu den „Grundsätzen der Prävention" im AGS sei auf die DGUV Vorschrift 1 sowie ergänzend auf die DGUV Regel 100–001 verwiesen.

4.3 Betriebliche Gesundheitsförderung

Während die Regelungen zum Arbeits- und Gesundheitsschutz sowie zum Betrieblichen Eingliederungsmanagement gesetzlichen Vorschriften unterliegen, handelt es sich bei den Maßnahmen zur Betrieblichen Gesundheitsförderung um freiwillige Leistungen des Arbeitgebers (Bundesministerium für Gesundheit 2011, S. 8).

Jedoch wird die Bedeutsamkeit einer BGF zum einen durch die zahlreichen inhaltlichen Überschneidungen in den angrenzenden Gebieten zum gesetzlichen AGS (z. B. Prävention, Schulungen etc.) oder zur gesundheitsorientierten Personalführung (z. B. Förderung und Gesunderhaltung der menschlichen Ressourcen) untermauert. Zum anderen wird der Stellenwert der BGF durch den Präventionsauftrag an die gesetzlichen Krankenkassen erhärtet (§ 20b SGB V). Gesetzliche Krankenkassen haben satzungsgemäß „Leistungen zur Verhinderung und Verminderung von Krankheitsrisiken (primäre Prävention) sowie zur Förderung des selbstbestimmten gesundheitsorientierten Handelns der Versicherten (Gesundheitsförderung)" zu erbringen (§ 20 SGB V). Diese Leistungen beziehen sich neben individuellen Leistungen zur verhaltensbezogenen Prävention (§ 20 (4) Satz 1 i. V. m. § 20 (5) SGB V) bzw. Leistungen in den sozialen Lebenswelten (§ 20 (4) Satz 2 i. V. m. § 20a SGB V) eben auch auf Leistungen zur Gesundheitsförderung in Betrieben (§ 20 (4) Satz 3 i. V. m. § 20b SGB V).

> **Übersicht: Betriebliche Gesundheitsförderung – Auszug aus § 20b (1) SGB V**
>
> „Die Krankenkassen fördern mit Leistungen zur Gesundheitsförderung in Betrieben (betriebliche Gesundheitsförderung) insbesondere den Aufbau und die Stärkung gesundheitsförderlicher Strukturen. Hierzu erheben sie unter Beteiligung der Versicherten und der Verantwortlichen für den Betrieb sowie der Betriebsärzte und der Fachkräfte für Arbeitssicherheit die gesundheitliche Situation einschließlich ihrer Risiken und Potenziale und entwickeln Vorschläge zur Verbesserung der gesundheitlichen Situation sowie zur Stärkung der gesundheitlichen Ressourcen und Fähigkeiten und unterstützen deren Umsetzung. [...]“

Anmerkung

Gemäß § 3 Nr. 34 EStG sind Maßnahmen des Arbeitgebers zur Betrieblichen Gesundheitsförderung (z. B. Bewegungsprogramme, Ernährungsangebote, Suchtprävention oder Stressbewältigung) bis zu 500 EUR pro Jahr und Mitarbeiter von der Lohnsteuer befreit (Bundesministerium für Gesundheit 2011, S. 17).

Bei der Auswahl geeigneter Maßnahmen zur BGF (Verhaltens und Verhältnisprävention) unterscheiden Uhle/Treier (in Anlehnung an Brandenburg et al. 2000) sog. *Pflicht- und Kürmodule* (Uhle und Treier 2015, S. 150 f.). *Kürmodule* in Form von Aufklärungs-, Beratungs- oder Fitness-/Bewegungsangeboten richten sich verhaltenspräventiv an den Mitarbeiter und stehen in enger Verbindung zu den Befindlichkeiten seiner Person. Aufgrund dieser unmittelbaren Nähe zur etwaigen Leidensgeschichte der Person ist man direkt in der Lage, motivierend die Erwartungen der Mitarbeiter schnell und einfach zu erfüllen. Kürmodule stellen jedoch nur eine wichtige Ergänzung zu den *Pflichtmodulen* dar, welche eher verhältnispräventiv an den Arbeitsprozessen und den jeweiligen Strukturen im Betrieb ansetzen und entsprechend nachhaltig wirken sollen (ebd.).

> **Übersicht: Ausrichtung der *Pflichtmodule* in der Betrieblichen Gesundheitsförderung**
>
> - Gestaltung der Arbeitswelt
> - Informations- und Kommunikationsmanagement
> - psychosoziale und arbeitsmedizinische Betreuung
> - Mitarbeiterbeteiligung
> - Betriebliches Eingliederungsmanagement
>
> (vgl. Uhle und Treier 2015, S. 150 f.).

An der geforderten Ausrichtung der ebd. genannten Pflichtmodule wird nochmals deutlich, dass sich die Handlungsbereiche im BGM inhaltlich überschneiden. Die eingangs zum Zwecke einer Systematisierung gezogenen „Trennlinien" (Uhle und Treier 2015, S. 38) zu den Handlungsbereichen in Kap. 3 müssen sich in logischer Konsequenz immer wieder auflösen, wenn es darum geht, Gesundheitsförderung nicht kurzfristig und aktionistisch als *Kür* zu betrachten, sondern langfristig, systematisch und nachhaltig als ein in der Unternehmenskultur verankertes Pflichtprogramm zu leben – hierdurch wird Betriebliche Gesundheitsförderung zum Gesundheitsmanagement.

4.4 Betriebliches Eingliederungsmanagement

Die Prozesse zum Betrieblichen Eingliederungsmanagement müssen unter Beachtung des Datenschutzes nach Bundesdatenschutzgesetz (BDSG) (insbesondere § 5 BDSG) in jedem Unternehmen gesetzeskonform umgesetzt und im Rahmen eines vertrauensvollen Umgangs durchgeführt werden. Hierüber sind alle Mitarbeiter jährlich zu unterweisen. Für Beschäftigte, die innerhalb der letzten 12 Monate mehr als 6 Wochen ununterbrochen oder wiederholt arbeitsunfähig waren bzw. weiterhin sind, ist nach § 167 (2) SGB IX ein Verfahren zum BEM anzubieten. Ein entsprechendes Einladungsschreiben klärt den Mitarbeiter über seinen Anspruch zum BEM sowie das konkrete Vorgehen (Ablauf) auf. In diesem Zusammenhang wird zur gesetzlichen Grundlage, einschließlich deren Zielstellung und den Vorteilen des BEM informiert. Im Rahmen des BEM besteht die Möglichkeit, interne und externe Experten zurate zu ziehen bzw. am Gespräch oder Verfahren zu beteiligen.

Zu einem sog. *Kern-Team* im BEM gehören neben dem Arbeitgeber bzw. dessen Vertreter, die Vertreter des Betriebs- bzw. Personalrates und ggf. der Schwerbehindertenvertretung. Einem *erweiterten BEM-Team* können und sollen insbesondere der Betriebsarzt, die Fachkraft für Arbeitssicherheit, direkte Vorgesetzte, Gleichstellungsbeauftragte, Qualitätsmanager sowie bei Bedarf weitere interne (z. B. Praxisanleiter) oder externe (z. B. Mitarbeiter der Integrationsdienste) Fachkräfte angehören (Hans-Böckler-Stiftung 2011, S. 48).

Eine Teilnahme am BEM-Verfahren ist freiwillig und bedarf in allen einzelnen Schritten der Zustimmung des Beschäftigten. In seinem Interesse soll der Gesundheitszustand reflektiert werden und Möglichkeiten geboten werden, Wege für die Behebung der Situation zu besprechen und dabei betrieblich beeinflussbare Faktoren zur Erhaltung bzw. Wiederherstellung der Gesundheit zu finden.

Perspektiven und Handlungsspielräume der Stationsleitung im Gesundheitsmanagement

5

Im vorherigen Kapitel wurden wesentliche rechtliche und personalwirtschaftliche Standards für geltende Elemente in einem BGM erläutert. Im nächsten Abschnitt sollen geeignete Elemente aufgegriffen und mögliche Perspektiven und Handlungsspielräume für die Stationsleitungen in Kranken- und Pflegeeinrichtungen eröffnet werden. Vor diesem Hintergrund und mit Blick auf konkrete Zuständigkeiten bzw. Verantwortlichkeiten kommt v. a. den Stellen- bzw. Tätigkeitsbeschreibungen der Stationsleitungen eine wesentliche Bedeutung zu. Schließlich bilden diese die arbeitsvertragliche Basis für die Ausführung und Ausgestaltung der entsprechenden Leitungsfunktion gleichsam auch im Hinblick auf die Prozesse im Gesundheitsmanagement.

Betrachtet man die Prozesse im Gesundheitsmanagement wieder ganzheitlich und losgelöst vom Gliederungsversuch der vorherigen Abschnitte, sollen die sich im Ergebnis herauskristallisierten Schwerpunkte einer wirksamen Leitungstätigkeit im stationsbezogenen Gesundheitsmanagement an dieser Stelle bereits vorweggenommen werden:

- Planung, Koordination und Führung
- persönliches und teambezogenes Wissensmanagement
- Durchführen und Lenken von Kommunikationsprozessen
- Zusammenarbeit und Kooperation mit den Beauftragten
- Übernahme von Verantwortung bzgl. Information und Unterweisung sowie Kontrolle und Überwachung
- Mitarbeiterbeteiligung und Delegation von Verantwortung
- Multiplikator in das Team und aus dem Team heraus
- Vorbildfunktion, Motivation und Wertschätzung.

© Springer Fachmedien Wiesbaden GmbH, ein Teil von Springer Nature 2019
R. Piller, *Gesundheitsmanagement in der Pflege,* essentials,
https://doi.org/10.1007/978-3-658-25471-1_5

Anmerkungen
Die dargestellte Reihenfolge trifft keine Aussagen zur Wertigkeit. Je nach Handlungsbereich kommen nachfolgend die einzelnen Schwerpunkte mit unterschiedlicher Wichtung
zum Tragen.

5.1   Gesundheitsorientierte Personalführung

„Führungskräfte haben einen entscheidenden Einfluss auf die Gesundheit ihrer
Beschäftigten" (Elke 2015, S. 209). Basis einer gesundheitsorientierten Personalführung ist ein Führungsstil, der im Einklang zu einer ausgeprägten Gesund-
heitskultur im Unternehmen stehen sollte, um Nachhaltigkeit in einem BGM zu
sichern (Uhle und Treier 2015, S. 133). Im Allgemeinen wird es einer Stationsleitung nicht frei stehen, ihr Führungsverhalten gänzlich selbst zu bestimmen.
Die Stationsleitung hat sich, wie auch ihre Vorgesetzten, an den vorgegebenen
Führungsgrundsätzen/-richtlinien/-leitbildern zu orientieren. Diese sind regelmäßig von den Unternehmensgrundsätzen abgeleitet und bieten normative
Gestaltungsempfehlungen für das jeweilige Führungsverhalten (Macharzina und
Wolf 2018, S. 233, 583). Mit Blick auf eine gesundheitsorientierte Personalführung durch Mitarbeiterbeteiligung können anhand von Führungsrichtlinien
klare Regelungen zu Kommunikationsstrukturen, Gesprächsregeln und Mee-
ting-Strukturen getroffen werden. Vorgaben zum Gesprächsanlass, zu den
Gesprächsregeln und zur Dokumentation bieten Gewähr für geregelte, zeitnahe
und objektive Informationen sowie Transparenz. Durch festgelegte Meeting-
Strukturen und einen partizipatorischen Führungsstil werden Mitarbeiter
kontinuierlich zu neuen Prozessen informiert und eingebunden. Trotz aller Vorgaben sollen der Führungskraft Freiräume belassen werden, ihren Führungsstil
mit eigenen Akzenten zu untersetzen.

Stationsleitungen, die bereits auf ein Qualitätsmanagement-System in
ihrer Einrichtung Zugriff haben, können sich bspw. im Rahmen der DIN EN
ISO 9001:2015 auf derartige Unternehmensgrundsätze und Führungsrichtlinien berufen, da diese zur Erfüllung ebd. genannter Norm gefordert werden
(Anmerkung: Gleichwohl sind diese hinsichtlich der Eingebundenheit gesundheitsbezogener Aspekte zu überprüfen.). Darüber hinaus bieten sich hierdurch
Strukturen, welche Handlungssicherheit bieten. Dabei hat die Stationsleitung
selbst alle Elemente eines Qualitätsmanagement-Systems zu beherrschen und
gemeinsam mit den Beauftragten die mitarbeiterbezogene Anleitung, Einhaltung
und Kontrolle zum Qualitätsmanagement sicherzustellen.

Aufgrund bisheriger Erfahrungen als Führungskraft hat sich die Kommunikation mit der Belegschaft als wichtigstes Instrument einer Stationsleitung herausgestellt. Für die persönliche Betreuung der Mitarbeiter eignet sich zweifelsfrei das Vier-Augen-Gespräch. Feedbackgespräche werden unabhängig von zeitlichen Vorgaben individuell durchgeführt. Beiden Seiten wird dabei Offenheit und Vertrauen ermöglicht. Somit können gegenseitig persönliche Wünsche und Kritik sowie Lob und Wertschätzung erleichtert ausgesprochen und angenommen werden. Mitarbeiter sind unterschiedlich kritikfähig, gleiches gilt für den Bedarf an Wertschätzung eines jeden Einzelnen – die Leitung muss hierbei in jedem Falle diese individuellen „Maße" berücksichtigen, um gesundheitsorientiert führen zu können. Darüber hinaus eröffnen sich Möglichkeiten, Themen wie Über-/Unterforderungen sowie berufliche und/oder private Probleme mit Blick auf Unterstützungsangebote seitens der Führungskraft zu thematisieren bzw. gemeinsame Lösungen frühzeitig zu bearbeiten. Die Aufgabenverteilung kann alters- und gesundheitsgerecht angepasst werden. Wünsche bzw. Neigungen können dementsprechend Berücksichtigung finden *(diversity management)*.

Eine enorme Bedeutung ist sowohl im Allgemeinen, aber auch vor dem Hintergrund einer gesundheitsorientierten Personalführung, der *Dienstplanung* zuzuschreiben. Einerseits sind hierbei die aktuellen arbeitswissenschaftlichen Empfehlungen heranzuziehen, die mit Blick auf die branchenbedingte Schichtarbeit von folgenden umsetzbaren und sinnhaften Leitlinien für die Dienstplangestaltung getragen werden sollte (u. a. hier: Hans-Böckler-Stiftung 2018, S. 15):

Übersicht: Relevante Kriterien für die Dienstplangestaltung
- „So wenig Nachtarbeit wie möglich, dabei maximal 2–3 Nachtschichten in Folge.
- Die Rotationsrichtung sollte vorwärts sein, d. h. von Früh- zu Spät- zu Nachtschicht. […]
- Nach einem Nachtschichtblock sollte ausreichend Zeit für Erholung und Re-Synchronisation gewährt werden. Empfohlen werden mindestens 48 Stunden frei, stellenweise auch pro Nachtschichtblock von über 2 Tagen in Folge ein freier Tag zusätzlich (d. h. bei 3 Nachtschichten anschließend 3 freie Tage).
- Arbeitszeiten mit durchschnittlich über 40 Wochenstunden vermeiden.
- Arbeitszeitlänge an die Belastung anpassen, z. B. bei belastenden Tätigkeiten Arbeitszeiten über 8 Stunden pro Tag vermeiden. […]
- Frühschicht nicht vor 6 Uhr starten – ein früherer Beginn wirkt aufgrund der frühen Aufstehzeit wie eine Nachtschicht.

> - Den Beschäftigten Gestaltungsspielräume eröffnen.
> - Möglichst planbare und vorhersehbare Arbeitszeiten, kurzfristige Ände-
>   rungen vermeiden.
> - [...]"
>
> (Hans-Böckler-Stiftung 2018, S. 15).

Andererseits zielt man mit der Berücksichtigung von Dienstplanwünschen sowohl auf Planungssicherheit als auch auf Mitarbeiterzufriedenheit, welche wiederum gesundheitsförderlich ist. Dabei sind die zur Verfügung stehenden Arbeitszeitmodelle im Rahmen der Dienstplangestaltung individuell anzuwenden. Arbeitszeitmodelle, welche unterschiedliche Regelungen zu Arbeitsbeginn, Arbeitsende und den dazugehörigen Pausenrhythmus beinhalten, können der allseits geforderten *Work-Life-Balance* mehr Raum geben bzw. bieten die Möglichkeit, unterschiedliche Lebensphasen, wie zum Beispiel Zeiten der Kindererziehung oder der Pflege Angehöriger, zu berücksichtigen. Auch durch mögliche Korridore auf Arbeitszeitkonten kann auf individuelle Bedarfe (Freiräume oder Überlastung) reagiert werden.

Die Beteiligung an der Dienstplangestaltung, bei klaren und transparenten Vorgaben zu Mindestbesetzung und Prioritäten durch die Stationsleitung, zeigte erfahrungsgemäß deutlich, dass auch in Zeiten von hohen Arbeitsbelastungen (z. B. hoher Krankenstand) mehr Flexibilität und Bereitschaft zur Übernahme zusätzlicher Dienste entgegengebracht werden. Selbstverständlich ist auch hierbei auf Freiwilligkeit und Ausgewogenheit zu achten. Eine hohe Kommunikationsbereitschaft fördert Lösungen im Team (z. B. das selbstständige Schließen von Lücken, die durch Fehlzeiten entstehen).

Aufgrund knapper personeller Ressourcen bestehen heutzutage für die Teams erhöhte Anforderungen hinsichtlich Flexibilität und Arbeitsaufgaben. Hierbei gilt es unter Berücksichtigung der alters- und gesundheitsgerechten Aspekte die Vorteile der *Job-Rotation* zu nutzen. Vor diesem Hintergrund können durch anders gelagerte Arbeitsaufgaben gleichsam bestehende Belastungen reduziert und aufkommender Monotonie vorgebeugt werden. Ein solcher Belastungswechsel erweitert die Kompetenzen für zukünftige flexible Einsätze (vgl. auch Kleiner 2017, S. 17).

Mitarbeiter erfahren „Rückhalt", indem die Stationsleitung Informationen oder Meldungen an die Klinikleitung weitergibt (z. B. rechtzeitige Kontaktaufnahme bei angespannten Situationen in Bezug auf Arbeitsaufkommen und Durchführbarkeit bis hin zu Überlastungsanzeigen im Sinne von § 16 ArbSchG), damit eine vertretbare Bewältigung der Aufgaben gesichert ist und Belastungen vermieden werden können. Hierbei ist es von Bedeutung, dass der Informationsweg (Hierarchien) und gesetzliche Vorgaben eingehalten werden. Mit korrekter Vorgehensweise erreicht die Führungskraft den größtmöglichen Erfolg und damit Vertrauen und Wertschätzung durch die Mitarbeiter. Letztendlich erfüllt die Führungskraft eine Vorbildfunktion durch die eigene gesunde Einstellung, professionelles Arbeiten und eine vertrauensvolle Kommunikation.

Einweisungen, Einarbeitungen und Fortbildungen werden in der Regel im allgemeinen Tätigkeitsbereich der Führungskraft initiiert, organisiert und unter Berücksichtigung der Bedingungen im Team angepasst und weiterentwickelt. Dabei sind ebenfalls die gesundheitsförderlichen Aspekte zu berücksichtigen. Darüber hinaus ist darauf hinzuwirken, dass Arbeitsabläufe kontinuierlich (z. B. bei Teammeetings) thematisiert werden, um auch auf diesem Gebiet Belastungen aufzudecken. Die Stationsleitung kann hier das Team zum Erkennen von Störfaktoren und zum Erarbeiten von Lösungen motivieren und anleiten, um bedarfsgerechte Abläufe zu schaffen.

Anmerkung
Vor diesem Hintergrund sei auf ein durchaus geeignetes Projekt der Bundesanstalt für Arbeitsschutz und Arbeitsmedizin (BAuA) verwiesen:
Der Leitfaden „Gute Stationsorganisation" der Bundesanstalt für Arbeitsschutz und Arbeitsmedizin (BAuA 2016a) ermöglicht im Rahmen von Teamarbeit entsprechende „Bausteine" zum Leitfaden „Gute Stationsorganisation" (BAuA 2016b) zu bearbeiten. Die Priorität und Relevanz soll dabei vom Team bestimmt werden, um Probleme und mögliche Ressourcen aufzudecken sowie Verbesserungen gemeinsam zu schaffen. In diesem Sinne können zum Beispiel gesundheitsbezogene Aspekte der Bausteine zum *Pflegeprozess*, *Pflegesystem* und *Schichtablauf* (BAuA 2016b, Bausteine II bis IV) behandelt werden. Unter Beachtung des PDCA-Zyklus zum systematischen Vorgehen (Kaminski 2013, S. 24) kann eine Analyse des IST-Zustandes, eine Bewertung und bei Bedarf eine neue Gestaltung von Arbeitsabläufen erfolgen, die dann von allen Teammitgliedern getragen werden. Gesundheitsgerechte Arbeitsbedingungen werden somit nicht nur vom Arbeitgeber, bzw. von der Leitung definiert, sondern auch vom Team selbst erarbeitet, was wiederum einer höheren Akzeptanz in Umsetzung und Einhaltung dienlich ist.

5.2   Gesetzlicher Arbeits- und Gesundheitsschutz

Um dem gesetzlichen Arbeits- und Gesundheitsschutz auf den Stationen den notwendigen Raum zu geben, sind vonseiten der Stationsleitung relevante Überwachungs- und Lenkungsaufgaben in Zusammenarbeit mit den beteiligten Beauftragten zu erfüllen. Die Mitarbeiter können bei Einstellung anhand eines sog. „Laufzettels" durch die Stationsleitung mit den wichtigsten Funktionsinhabern

(z. B. Krankenhaushygieniker, Hygienefachkraft, Betriebsarzt, Techniker usw.) bekannt gemacht und über deren Aufgaben und Zuständigkeiten informiert werden. Verbindliche Termine für Ersteinweisungen, Belehrungen und informativen Austausch können gemeinsam festgelegt und deren Durchführung gesichert werden. Die Vollständigkeit der Unterweisungen kann anhand von „Fortbildungspässen" und einer zentralen Erfassung von Einweisungen nachvollzogen und ggf. zur Wahrnehmung in Eigenverantwortung verpflichtet werden.

Die Überwachung der korrekten Durchführung von Arbeitsschutz- und Hygienevorgaben dient nicht nur der Qualitätssicherung, sondern auch der Gesundheitsvorsorge aller Beteiligten (Personal, aber auch Patienten). Die Führungskraft als wichtige Schnittstelle für die Fachkraft für Arbeitssicherheit oder die Beauftragten Hygieniker/Hygienefachkräfte kann Informationen für das Team bzw. Anliegen aus dem Team heraus bündeln, diese in die entsprechenden Ausschüsse einbringen (z. B. ASA oder Hygienekommission) und die Ergebnisse wiederum als Multiplikator weitergeben. Folglich gehen wichtige Informationen nicht verloren. Es geht darum, Sicherheit zu vermitteln und mögliche Gefahren für die Gesundheit zu beseitigen bzw. minimieren. Analog gelagert findet die Zusammenarbeit der Stationsleitung mit den Abteilungen der Technik statt (z. B. Zusammenarbeit bei Geräteeinweisungen, Meldungen von Defekten und Diskurs bei Neuanschaffungen). Auch an dieser Schnittstelle gilt es, Informationen zu bündeln und zeitnah zu besprechen, um Belastungen und Gefahren für das Personal (aber auch für die Patienten) abzuwenden.

Arbeits- und Gesundheitsschutz kann jedoch nur dann wirksam greifen, wenn die Personen, für die diese Prozesse entwickelt wurden, diese Vorschriften auch einhalten. Hierzu gilt es, seitens der Stationsleitung hinzuarbeiten, zu sensibilisieren und mit bestem Beispiel voran zu gehen. Die Verpflichtung zur Einhaltung der Maßnahmen zum AGS ist mittels Verweis auf § 15 DGUV Vorschrift 1 offensiv bei den Arbeitnehmern einzufordern. Gleichsam ist mit Blick auf § 16 DGUV Vorschrift 1, die besondere Unterstützungspflicht der Mitarbeiter im AGS als weitere Arbeitnehmerpflicht im Rahmen einer aktiven Mitgestaltung dieser Prozesse deutlich herauszustellen.

> **Übersicht: § 16 (2) DGUV Vorschrift 1**
> „Stellt ein Versicherter fest, dass im Hinblick auf die Verhütung von Arbeitsunfällen, Berufskrankheiten und arbeitsbedingten Gesundheitsgefahren

- ein Arbeitsmittel oder eine sonstige Einrichtung einen Mangel aufweist,
- Arbeitsstoffe nicht einwandfrei verpackt, gekennzeichnet oder beschaffen sind

oder

- ein Arbeitsverfahren oder Arbeitsabläufe Mängel aufweisen,

hat er, soweit dies zu seiner Arbeitsaufgabe gehört und er über die notwendige Befähigung verfügt, den festgestellten Mangel unverzüglich zu beseitigen. Andernfalls hat er den Mangel dem Vorgesetzten unverzüglich zu melden".

Die Erfahrung hat gezeigt, dass v. a. die Mitarbeiter, die den AGS bei den Vorgesetzten permanent und lautstark einfordern, zumeist in Unkenntnis über den Inhalt und dessen direkte Pflichten für Arbeitnehmer im Rahmen der Mangelbeseitigung im AGS stehen (siehe § 16 (2) DGUV Vorschrift 1). Gerade auch mit Blick auf die Sicherheit der uns in der Pflege anvertrauten Patienten ist die Verpflichtung jedes Mitarbeiters in Sachen AGS von essenzieller Bedeutung. Darum sollte jede Stationsleitung konsequent und beharrlich für die notwendige Transparenz auch außerhalb der jährlichen Unterweisungen sorgen (z. B. Einbinden in den Teamberatungen und Gestaltung entsprechender Aushänge), um das Bewusstsein zur Eigenverantwortung bei den Mitarbeitern zu stärken.

Exkurs: Übertragung von Unternehmerpflichten im AGS

Die tägliche Praxis zeigt, dass gerade auf dem Gebiet des AGS Stationsleitungen eine Vielzahl an Unterweisungen durchführen und organisatorischer Tätigkeit leisten, gleichwohl diese Aufgaben im eigentlichen Sinne in den Organisations- und Verantwortungsbereich der Unternehmerpflichten des Arbeitgebers (Geschäftsführung) fallen. Eine wirksame Pflichtenübertragung für diese Fälle ergibt sich aus § 13 DGUV Vorschrift 1 und lässt sich wie folgt grob erläutern:

„Die Pflichtenübertragung bedarf der Schriftform [...]. Sie kann auch durch Arbeitsvertrag erfolgen. Die Pflichtenübertragung muss so erfolgen, dass sie sich mit den aus dem Arbeitsvertrag ergebenden Pflichten vereinbaren lässt und diese sinnvoll ergänzt. Die Zustimmung des Verpflichteten ist nur erforderlich, sofern der bisherige Rahmen des Arbeitsvertrages überschritten wird" (DGUV Regel 100–001, Pkt. 2.12).

Der Arbeitgeber hat hierbei im Vorfeld *und* im Verlauf die entsprechende Zuverlässigkeit und Fachkunde zu überprüfen. Die zu übertragenden Aufgaben und Befugnisse sind zu benennen und vom Arbeitnehmer zu unterzeichnen. Gleichsam verbleibt die Aufsichts- und Kontrollpflicht beim Arbeitgeber, welche als solche nicht übertragbar ist. Dabei ist jedoch zu beachten, dass die Stationsleitung als Arbeitnehmer mit der Unterzeichnung einer solchen Pflichtenübertragung die Rechtsstellung des Arbeitgebers auf dem jeweiligen Gebiet übernimmt und damit die volle Verantwortung zur Durchführung und Organisation der entsprechenden Maßnahmen zeichnet (ebd.).

Hierzu gehören u. a. auch die Haftungsreglungen bei Versäumnissen oder Verstößen nach dem Gesetz über Ordnungswidrigkeiten (OWiG) (z. B. § 32 DGUV Vorschrift 1 i. V. m. § 9 Abs. 2 OWiG) bis hin zum Strafgesetzbuch (StGB) (siehe § 14 Abs. 2 StGB).

Für Stationsleitungen, die auch ohne schriftliche Pflichtenübertragung bereits wissentlich und mit Zustimmung des Arbeitgebers derartige Tätigkeiten aus dem Pflichtbereich des Unternehmers in eigener Verantwortung wahrnehmen, können die Haftungsregeln nach OWiG ebenfalls gelten. Im Zweifelsfall ist hierbei entscheidend, inwieweit sich durch das Tätigwerden der Stationsleitung eine faktische Beauftragung begründen lässt (§ 9 Abs. 3 OWiG i. V. m. Valerius 2018, Rn. 52, 53). Zu denken sei hierbei bspw. an ein Tätigwerden über eine Tätigkeits- oder Stellenbeschreibung.

Anmerkung: Eine solche haftungsrechtliche Konstellation gilt nicht nur im Bereich des AGS. Vor dem Hintergrund der jeweils geltenden gesetzlichen Bestimmungen zu Ordnungswidrigkeiten bzw. strafrechtlichen Konsequenzen lässt sie sich grundsätzlich auch auf andere Bereiche einer möglichen Übertragung von Unternehmerpflichten anwenden (z. B. Kontrolle und Überwachung in der Hygiene, hinsichtlich der Einhaltung des Arbeitszeitgesetzes, im Jugendarbeitsschutz, im Mutterschutz usw.).

5.3 Betriebliche Gesundheitsförderung

Mit dem Blick auf mögliche Maßnahmen zur Betrieblichen Gesundheitsförderung eröffnen sich konkrete Handlungsspielräume einer Stationsleitung vorwiegend in den Bereichen zur Vermittlung von Wissen und/oder zur Motivation zum Handeln. Ein entsprechender Ansatz ergibt sich v. a. durch die Einbindung gesundheitsbezogener Aspekte in der Weiterbildung und ihrer Planung. Darüber hinaus kommen dem Sensibilisieren und Aufklären sowie dem Bewusstsein und der Ausgestaltung der eigenen Vorbildfunktion entscheidende Rollen zu.

Die tägliche Aufgabe einer Stationsleitung besteht hierbei darin, alle unterstellten Mitarbeiter auf eine gesunde Arbeitsweise hinzuweisen (siehe auch als Forderung im AGS). Durch ein gezieltes Beobachten können beispielsweise bestehende Fehlhaltungen besprochen oder dem Nicht-Nutzen von Hilfsmitteln vorgebeugt werden, um künftige physische Beschwerden rechtzeitig zu verhindern. Es gilt, Lösungen anzubieten und bei Bedarf anzuleiten (z. B. korrekte Nutzung von Hebevorrichtungen, Rutschtüchern, Aufstehhilfen oder Anwendung kinästhetischer Bewegungsabläufe). Derartige Anleitungen und Fortbildungen müssen in Abständen wiederholt und organisiert werden.

Die arbeitsvertragliche Fort- und Weiterbildungspflicht ist folglich für die Elemente im Gesundheitsmanagement zu nutzen. Um hierbei mehr individuelle

Möglichkeiten zu schaffen, sind auch alternative Fortbildungsformen im Rahmen von Online-Angeboten in Betracht zu ziehen. Hierdurch haben dann die Mitarbeiter die Möglichkeit, den Fortbildungspflichten derart nachzukommen, ohne dass Zeit, Ort und Dauer vorgegeben werden. Ein solcher Ansatz kann die Bereitschaft für die Teilnahme und auch deren Erfolg fördern – es wird gelernt und nicht „berieselt", Arbeitszeiten werden nicht überschritten und damit die Gefahr einer Überforderungen minimiert. Gleichzeitig ist jedoch sicher zu stellen, dass für die Mitarbeiter, die derartige (moderne) Fortbildungsmethoden scheuen, bzw. nicht über die entsprechende Methodenkompetenz verfügen, weiterhin klassisch organisierte Fortbildungen angeboten werden.

Unternehmen der Pflegebranche dürfte es mit Blick auf personelle und sächliche Ressourcen nicht schwer fallen, Angebote in den Themenfeldern *Bewegung und Entspannung* arbeitgeberseitig zu organisieren. Kurse zur Kinästhetik, zur Rückenschule, zum autogenen Training, zur progressiven Muskelentspannung oder Angebote zu Massagen gehören heutzutage bereits zum „guten Ton" einer Kranken- oder Pflegeeinrichtung. Ebenso sollten Angebote im Themenfeld *psychosoziale Intervention,* v. a. mit Blick auf *Supervisionen* eine Selbstverständlichkeit für jedes Unternehmen dieser Branche sein. Die Stationsleitung leistet hierbei ihren Beitrag, indem sie aktuelle Angebote durch Aushänge sichtbar macht, zu Teammeetings die Thematik aufgreift und kontinuierlich im Alltagsgeschehen dafür wirbt.

In den jährlichen Mitarbeitergesprächen kann speziell auf die Bedürfnisse und Wünsche des Einzelnen eingegangen werden. In diesem Rahmen sind individuelle Angebote zu unterbreiten und die Schaffung notwendiger Freiräume zu besprechen. Durch das Einbringen und Berücksichtigen von Wünschen des Teams bei der Dienstplanung, kann hierbei jeder Mitarbeiter seine notwendigen Freiräume selbst mit steuern.

Anmerkung

Wie unter Abschn. 5.1 bereits hervorgehoben, soll an dieser Stelle ebenfalls ein geeigneter Verweis auf das Projekt der Bundesanstalt für Arbeitsschutz und Arbeitsmedizin (BAuA) erfolgen:

Mit dem Projekt zum Leitfaden „Gute Stationsorganisation" (BAuA 2016a) kann bspw. das Themenfeld *Arbeitsgestaltung* im Sinne der BGF thematisiert werden (BAuA 2016b: siehe Bausteine zum Leitfaden). Hier gilt es, die Mitarbeiter in ihren Pflegebereichen aufzufordern, in gemeinsamer Bearbeitung der einzelnen Bausteine, mögliche Defizite und Ressourcen auch im Bereich der BGF aufzudecken, zu bearbeiten und über diesen Weg Zufriedenheit, Effizienz und Freiräume zu schaffen.

5.4   Betriebliches Eingliederungsmanagement

Im Rahmen des gesetzlich geforderten Betrieblichen Eingliederungs-
managements kann die Stationsleitung für das Gelingen als Bindeglied zwischen
Arbeitgeber und Mitarbeiter bereits vor Eintritt des eigentlichen BEM-Prozesses
beitragen, indem die Mitarbeiter auch außerhalb der jährlichen Unterweisungen
durch die Leitung über das Verfahren informiert und aufgeklärt werden. Den
einzelnen Beschäftigten wird durch eine Sensibilisierung für die Thematik die
Entscheidung zur Annahme des Verfahrens im Falle einer Arbeitsunfähigkeit
erleichtert und als wertschätzende Unterstützung durch den Arbeitgeber zum
Erhalt seines Arbeitsplatzes gekennzeichnet. Werden betrieblich beeinflussbare
Faktoren aufgedeckt, kann die Stationsleitung diese Informationen in der Planung
und Organisation des Arbeitsplatzes berücksichtigen oder ggf. neue geeignete
Aufgaben in Zusammenarbeit mit dem Arbeitgeber gestalten.

Da die Stationsleitung als Vorgesetzte dem *erweiterten Kreis* im BEM-Team
angehört ist es unerlässlich, sich auf diesem Gebiet zu qualifizieren. Gerade der
Fokus der direkten Vorgesetzten unterstreicht die besondere Verantwortung für
die Gesundheit der unterstellten Mitarbeiter und ein möglichst frühzeitiges prä-
ventives Agieren (Hans-Böckler-Stiftung 2011, S. 50). Darüber hinaus kann
die Stationsleitung aber auch auf Wunsch des Mitarbeiters als Vertrauensperson
einbezogen und über diesen Weg am BEM-Gespräch direkt beteiligt werden.
Unabhängig davon, auf welchem Weg die Einbeziehung der Stationsleitung im
Rahmen des BEM erfolgt, erfordert ihre Einbindung stets eine professionelle und
vertrauensvolle Kommunikation, bei der eine gesundheitsorientierte Personalführung zum Tragen kommt.

Was Sie aus diesem *essential* mitnehmen können

- Kranken- und Pflegeeinrichtungen, die die gesetzlichen Vorgaben zum Arbeits- und Gesundheitsschutz und zum Betrieblichen Eingliederungsmanagement einhalten, erfüllen bereits wesentliche Elemente im Sinne der Betrieblichen Gesundheitsförderung.
- Durch die Berücksichtigung personalwirtschaftlicher Standards im Sinne einer gesunden Führung, können Stationsleitungen aktiv einen zentralen Beitrag zum Gesundheitsmanagement in ihrem Verantwortungsbereich leisten.
- Eine gesundheitsorientierte Personalführung impliziert geeignete Methoden zur Mitarbeiterorientierung/-beteiligung.
- Als innerbetrieblicher Kooperationspartner im Gesundheitsmanagement wird die Stationsleitung zur Schnittstelle ihrer Station und damit zum Multiplikator in das Team hinein und aus dem Team heraus.
- Kranken- und Pflegeeinrichtungen, die sich aktiv der Gesunderhaltung ihrer Mitarbeiter widmen, genießen nicht nur die Vorteile einer gesunden Belegschaft, sondern behaupten als attraktiver Arbeitgeber einen entscheidenden Wettbewerbsvorteil auf dem hart umkämpften Arbeitsmarkt in der Pflege.

© Springer Fachmedien Wiesbaden GmbH, ein Teil von Springer Nature 2019 39
R. Piller, *Gesundheitsmanagement in der Pflege,* essentials,
https://doi.org/10.1007/978-3-658-25471-1

Literatur

Antonovsky, Aaron. 1979. *Health, stress and coping: New perspectives on mental and physical well-being.* San Francisco: Jossay-Bass.

BAuA, Hrsg. 2016a. Gute Stationsorganisation. Ein Leitfaden für Pflegeeinrichtungen. https://www.baua.de/DE/Angebote/Publikationen/Praxis/Stationsorganisation.pdf;jsessionid=6111BC2137D8F49FB4CD119AD5C4851F.s2t1?__blob=publicationFile&v=6. Zugegriffen: 14. März 2018.

BAuA, Hrsg. 2016b. Stationsorganisation – analysieren, bewerten und gestalten. Interaktive Vorlagen zur Bearbeitung des Verfahrens, Teil der BAuA-Praxis „Gute Stationsorganisation". https://www.baua.de/DE/Angebote/Publikationen/Praxis/pdf/Checklisten-Stationsorganisation.pdf;jsessionid=6111BC2137D8F49FB-4CD119AD5C4851F.s2t1?__blob=publicationFile&v=3. Zugegriffen: 14. März 2018.

BKK Dachverband. 2017. Luxemburger Deklaration zur betrieblichen Gesundheitsförderung. https://www.bkk-dachverband.de//gesundheit/gesundheitsfoerderung-selbsthilfe/betriebliche-gesundheitsfoerderung-bgf/luxemburger-deklaration/. Zugegriffen: 18. Jan. 2018.

BMAS. 2016. Schritt für Schritt zurück in den Job. Betriebliche Eingliederung nach längerer Krankheit – was Sie wissen müssen. http://www.bmas.de/SharedDocs/Downloads/DE/PDF-Publikationen/a748-betriebliche-eingliederung.pdf?__blob=publicationFile&v=5. Zugegriffen: 21. Jan. 2018.

Brandenburg, Uwe, Peter Nieder, und Britta Susen. 2000. *Gesundheitsmanagement im Unternehmen: Grundlagen, Konzepte und Evaluation.* Weinheim: Juventa.

Bundesagentur für Arbeit. 2011. Begrifflichkeiten. https://www3.arbeitsagentur.de/web/content/DE/dienststellen/rdsat/erfurt/Agentur/Detail/index.htm?dfContentId=L6019022DST-BAI511633. Zugegriffen: 18. Jan. 2018.

Bundesministerium für Gesundheit. 2011. Unternehmen unternehmen Gesundheit. Betriebliche Gesundheitsförderung in kleinen und mittleren Unternehmen. https://www.bundesgesundheitsministerium.de/fileadmin/Dateien/5_Publikationen/Praevention/Broschueren/Broschuere_Unternehmen_unternehmen_Gesundheit_-_Betriebliche_Gesundheitsfoerderung_in_kleinen_und_mittleren_Unternehmen.pdf. Zugegriffen: 18. Jan. 2018.

Bundeszentrale für gesundheitliche Aufklärung (BZgA). 2001. *Was erhält Menschen gesund? Antonovskys Modell der Salutogenese – Diskussionsstand und Stellenwert.* Erweiterte Neuauflage. Köln: BZgA.

© Springer Fachmedien Wiesbaden GmbH, ein Teil von Springer Nature 2019　　　41
R. Piller, *Gesundheitsmanagement in der Pflege,* essentials,
https://doi.org/10.1007/978-3-658-25471-1

Draxler, Thomas, und Awai Cheung. 2010. *30 Minuten Gesundheitsmanagement.* Offenbach: GABAL Verlag.

Elke, Gabriele. 2015. BGM im Dialog: Interview vom 09.03.2010 (Anpassung 2014). In *Betriebliches Gesundheitsmanagement. Gesundheitsförderung in der Arbeitswelt – Mitarbeiter einbinden, Prozesse gestalten, Erfolge messen*, Hrsg. Thorsten Uhle und Michael Treier, 3. überarbeitete und erweiterte Aufl., 206–213. Berlin: Springer.

ENWHP. 2014. Luxemburger Deklaration zur Betrieblichen Gesundheitsförderung. http://www.bkk-dachverband.de/fileadmin/publikationen/luxemburger_deklaration/Luxemburger_Deklaration.pdf. Zugegriffen: 19. Jan. 2018.

Hans-Böckler-Stiftung. 2011. *Handlungsleitfaden für ein Betriebliches Eingliederungsmanagement*, 2. Aufl., Arbeitspapier 199. Düsseldorf.

Hans-Böckler-Stiftung. 2018. Schichtarbeit gesund und sozialverträglich gestalten, *Report* Nr. 3. Düsseldorf.

Hensen, Peter. 2016. *Qualitätsmanagement im Gesundheitswesen. Grundlagen für Studium und Praxis.* Wiesbaden: Springer Gabler.

Kaminski, Martin. 2013. *Betriebliches Gesundheitsmanagement für die Praxis. Ein Leitfaden zur systematischen Umsetzung der DIN SPEC 91020.* Wiesbaden: Springer Gabler.

Kleiner, Grynet. 2017. Arbeitsorganisation – alterns- und gendergerecht. *Heilberufe. Das Pflegemagazin* 69 (7–8): 16–18.

Kraußlach, Heike, Hrsg. 2015. *Praxisleitfaden zur Einführung eines Betrieblichen Gesundheitsmanagements. Handlungsempfehlungen und Praxisbeispiele des Forschungsprojektes Betriebliches Gesundheitsmanagement in Thüringer Unternehmen und Einrichtungen des öffentlichen Dienstes.* Jena: Verlag Ernst-Abbe-Hochschule Jena.

Macharzina, Klaus, und Joachim Wolf. 2018. *Unternehmensführung. Das internationale Managementwissen. Konzepte – Methoden – Praxis*, 10. Aufl. Wiesbaden: Springer Gabler.

Malinka, Julia. 2015. Einführung. In *Praxisleitfaden zur Einführung eines Betrieblichen Gesundheitsmanagements. Handlungsempfehlungen und Praxisbeispiele des Forschungsprojektes Betriebliches Gesundheitsmanagement in Thüringer Unternehmen und Einrichtungen des öffentlichen Dienstes*, Hrsg. Heike Kraußlach, 1–3. Jena: Verlag Ernst-Abbe-Hochschule Jena.

Matyssek, Anne Katrin. 2003. *Chefsache: Gesundes Team – gesunde Bilanz. Ein Leitfaden zur gesundheitsgerechten Mitarbeiterführung.* Wiesbaden: Universum-Verlagsanstalt.

Matyssek, Anne Katrin. 2015. BGM im Dialog: Interview vom 14.11.2014. In *Betriebliches Gesundheitsmanagement. Gesundheitsförderung in der Arbeitswelt – Mitarbeiter einbinden, Prozesse gestalten, Erfolge messen*, Hrsg. Thorsten Uhle und Michael Treier, 3. überarbeitete und erweiterte Aufl., 204–206. Berlin: Springer.

Rimbach, Astrid. 2013. *Entwicklung und Realisierung eines integrierten betrieblichen Gesundheitsmanagements in Krankenhäusern.* München: Hampp.

STMAS, Hrsg. 2003. *Ganzheitliches Betriebliches Gesundheitsmanagement System (GABEGS). Handlungsleitfaden (Stand 20.01.2010).* München: Bayerisches Staatsministerium für Arbeit und Sozialordnung, Familie und Frauen.

Uhle, Thorsten und Michael Treier. 2015. *Betriebliches Gesundheitsmanagement. Gesundheitsförderung in der Arbeitswelt – Mitarbeiter einbinden, Prozesse gestalten, Erfolge messen*, 3. überarbeitete und erweiterte Aufl. Berlin: Springer.

Valerius, Brian. 2018. Beck'scher Online-Kommentar OWiG, hrsg. Jürgen Graf, 20. Ed., Stand: 01.10.2018, OWiG § 9. München: Beck.

WHO. 1946. Weltgesundheitsorganisation: Regionalbüro für Europa. WHO-Satzung. http://apps.who.int/gb/bd/PDF/bd47/EN/constitution-en.pdf?ua=1. Zugegriffen: 15. Jan. 2018.

WHO. 1978. Weltgesundheitsorganisation: Regionalbüro für Europa. Erklärung von Alma-Ata. http://www.euro.who.int/__data/assets/pdf_file/0017/132218/e93944G.pdf?ua=1. Zugegriffen: 15. Jan. 2018.

WHO. 1986. Weltgesundheitsorganisation: Regionalbüro für Europa. Ottawa-Charta zur Gesundheitsförderung. http://www.euro.who.int/__data/assets/pdf_file/0006/129534/Ottawa_Charter_G.pdf?ua=1. Zugegriffen: 15. Jan. 2018.